Zeichen setzen

Satzwissen und Typoregeln für Textgestalter

Ralf Herrmann

Zeichen setzen

Satzwissen und Typoregeln für Textgestalter

Bibliografische Information Der Deutschen Bibliothek
Die Deutsche Bibliothek verzeichnet diese Publikation in der
Deutschen Nationalbibliografie; detaillierte bibliografische
Daten sind im Internet über ‹http://dnb.ddb.de› abrufbar.

ISBN 3-8266-1572-7
1. Auflage 2005

Printed in Germany

© Copyright 2005 by mitp-Verlag/Bonn,
ein Geschäftsbereich der Redline GmbH, Heidelberg

Lektorat: Katja Schrey

Satz und Layout: Ralf Herrmann

entstanden an der Bauhaus-Universität Weimar,

betreut von Alexander Branczyk, xplicit

Satzschrift: FF Meta (www.fontshop.de)

Tastaturkürzelschrift: Keys von Michel M. (www.fontforum.de)

Druck: Media-Print, Paderborn

Inhalt

Typografie im Webdesign 213

Anhang 259

Schrift und Typografie

Typografie, die Lehre vom korrekten und ausgewogenen Umgang mit Schrift, leitet sich dem Wort nach aus den altgriechischen Begriffen *typos* (Spur, Abdruck, Figur) und *graphein* (ritzen, graben) ab. Schrift wurde vor zwei- bis viertausend Jahren mit keilförmigen Werkzeugen in Lehm eingedrückt oder mit Meißeln in Stein gehauen. Im Graben solcher Spuren klingt dabei schon etwas Bedächtiges und Bedeutungsvolles mit, das im heutigen Schriftsatz oft verloren scheint. Doch Schrift ist weit mehr als ein unschätzbares Kulturgut – es ist die Basis unserer Zivilisation. Denn sie erweiterte das einstige mythische und durch Überlieferungen und Geschichten geprägte Weltbild um ein Werkzeug des kollektiven Gedächtnisses und Diskurses. Indem wir Zeichen und Buchstaben zu Zeilen aufreihen, formen und strukturieren wir unsere Gedanken und Empfindungen unwillkürlich zu einer logischen und linaren Abfolge und schaffen somit anderen die Grundlage, unsere Gedanken zu werten, zu kritisieren und überdenken zu können – die Basis jedes historischen Bewusstseins, der Bildung, der Philosophie und jeder Wissenschaft, die mit dem fortwährenden Schreiben an Inhalt und Bedeutung gewinnen. Die Teilnahme an diesem Prozess erfordert jedoch die Kenntnis eines einheitlichen Kodes – des Alphabets – und den Zugang zu den Büchern und deren Informationen – den Manifestationen des kollektiven Gedächtnisses. Beide Bedingungen waren (und sind) nicht immer selbstverständlich erfüllbar. Erst mit dem Guss und der Verwendung beweglicher Drucklettern hat Johannes Gutenberg im 15. Jahrhundert die Grundlagen geschaffen, um Informationen auf einfache Weise vervielfältigen und verbreiten zu können. ⏎

Über 500 Jahre hat sich die Technik des Bleisatzes nur unwesentlich verändert. Erst im 20. Jahrhundert beginnt sich die Satztechnik grundlegend zu wandeln – doch nicht nur zum Besseren. Der Fotosatz und die frühen Formen des Desktop Publishing – des Publizierens vom Schreibtisch aus – beschleunigen und vereinfachen zwar den Druckprozess erheblich, die Qualität des Druckbildes muss jedoch Einbußen hinnehmen, und typografische Feinheiten fallen den technischen Einschränkungen der neuen Satztechniken zum Opfer. Heute hat sich das Desktop Publishing als alleiniger Standard etabliert und seine Kinderkrankheiten überwunden. Nicht nur die Schriftentwürfe knüpfen wieder an die Qualität der meisterlichen Schrifttypen des Mittelalters an; auch die Anwendungsprogramme ermöglichen nun wieder einen hochwertigen Schriftsatz, der sich in allen Details beeinflussen lässt. Doch mit den heutigen Satztechniken wurden auch Berufe wie der des Schriftsetzers überflüssig, und mit ihnen ging das Wissen um typografisch korrekten und ausgewogenen Schriftsatz verloren. Diesem Umstand verdanken wir nicht nur die allgegenwärtigen Satzfehler im öffentlichen Raum – auch die Art und Weise, wie wir mit den Zeichen umgehen, wandelt sich. Statt sorgsam Spuren in Lehm zu graben, sind Schrift und Informationen heute flüchtig und geräuschhaft. Wir tippen sie als Wegwerfbotschaften auf Tastaturen (SMS), wenden uns ungesehen von ihren schreienden Verführungsversuchen ab (Postwurfsendungen, E-Mail-Spam) und suchen uns mühsam einen Weg durch den Textdschungel von Zeitungen und Straßen- und Geschäftsbeschilderungen. Je mehr Zeichen um unsere Aufmerksamkeit buhlen, und je flüchtiger wir sie lesen, desto wichtiger ist es, Zeichen richtig zu setzen, damit sie lesbar und unmissverständlich sind – die Grundforderungen der Typografie. Doch je mehr wir diese Grundsätze missachten, desto verwaschener wird unser Kode – er wird zu einem stumpfen Werkzeug, dessen wir uns nicht mehr bedienen möchten und das ein Zeichenwirrwarr erzeugt, das wir nicht mehr lesen können oder wollen. Sprache ist lebendig und dem ständigen Wandel ausgesetzt – Schrift jedoch muss Regeln unterworfen sein, um als Repräsentation des Gesprochenen möglichst exakt zu sein. Sie benötigt lediglich hin und wieder ein „Update" in Form von Rechtschreibreformen, die die Schrift von unnötigem Ballast befreit und den Sprachveränderungen anpasst.

Schriftsatz war über Jahrhunderte ein Handwerk, in einer Kette von Produktionsschritten. Wer heute Schrift setzt, kann sich nicht mehr allein auf seine typografische, das heißt ästhetisch-gestalterische Aufgabe beschränken, denn er ist oft Autor, Gestalter, Schriftsetzer und Drucker zugleich. Typografie muss deshalb heute in einem viel breiteren Kontext betrachtet werden. Der mittlerweile fast ausschließlich rechnerbasierte Schriftsatz erfordert neben dem Wissen um korrekte Rechtschreibung und Grammatik auch Verständnis der technischen Hintergründe, das heißt, wie Computer mit Zeichensätzen, Fontformaten und verschiedenen Sprachen arbeiten, wie sich die Betriebssysteme im Umgang mit Schrift unterscheiden und wie Informationen multimedial publiziert werden können. Dieses Buch zeigt deshalb nicht nur typografische Regeln auf, sondern vermittelt Grundlagenwissen und Praxistipps zum Umgang mit Schrift. Setzen Sie ein Zeichen und setzen Sie Zeichen korrekt!

RALF HERRMANN, 2005

önnen Lautzeichen sein (bei Alphabet- und Silbenschriften) oder Worte (logografisch) oder Begrifflichkeiten (ideografisch) repräsentieren. Die lateinischen Schrift

zeichens.

en Buchstaben des griechischen Schriftsystems zurück.

eine Schriftklasse (zum Beispiel Renaissance-Antiqua) einteilen lassen. Im Gegensatz   sprachen, kennt das Deutsche mit dem Wort Schrift einen umfass

er druckbarer Lettern bezeichnet. Dies war früher ein zusammengehöriger Guss von Bildern   (von fonte, französisch für schmelzen, gießen). Heute bezeichnet

Alphabeten und bestehen im Wesentlichen aus Buchstaben, Ziffern, Satzzeichen und diakritische Zeichen.

griff für sowohl das Geschriebene, als auch für die Gestaltung der Schriftzeichen und deren Umsetzung als druckbare, physische oder digitale Lettern. Im typogra

Sinne die digital druckbare Form einer Schrift, also die Fontdateien selbst. Umgangssprachlich spricht man mittlerweile bei allen für den Computer entworfenen Sc

Geschichte und Grundlagen

1.1 Begriffserklärungen

1.2 Zeichenkodierung

1.2.1 Grundlagen der Übertragung und Kodierung von Zeichen

1.2.2 ASCII – Die Basis aller Zeichensätze

1.2.3 8-Bit-Zeichenkodierungen – Ringen um einen Standard

1.2.4 Unicode – Der Welt-Zeichen-Kode

1.3 Schriftformate

1.3.1 TrueType vs. PostScript – Die Entwicklung skalierbarer Fonts

1.3.2 Randerscheinungen

1.3.3 Das Font-Chaos zwischen PC und Mac

1.3.4 OpenType – Das Schriftformat der Zukunft

1.4 Tastatur und Zeicheneingabe

1.4.1 Die Entstehung der Computertastatur

1.4.2 Sonderzeichen eingeben

1.5 Fontmanager und andere Software-Tools

1.5.1 Fontmanager

1.5.2 Sonstige Tools

1.1   Begriffserklärungen

Zeichen

Ein Zeichen ist das Grundelement zum Aufbau von Sprachen und die kleinste semantische Einheit eines Textes. Schriftzeichen können Lautzeichen sein (bei Alphabet- und Silbenschriften) oder Worte (logografisch) oder Begrifflichkeiten (ideografisch) repräsentieren. Die lateinischen Schriften beruhen auf Alphabeten und bestehen im Wesentlichen aus Buchstaben, Ziffern, Satzzeichen und diakritischen Zeichen.

Diakritische Zeichen enthalten Zusatzzeichen, die auf eine bestimmte Aussprache oder Betonung innerhalb einer Sprache verweisen, zum Beispiel die im Französischen verwendeten Akzente (é) und Zedillen (ç) oder das slawische Hatschek (š).

Ideogramme (von griechisch *Gestalt/Form* + *schreiben*) sind Schriftzeichen, die eine begriffliche Bedeutungen symbolisieren. Dabei können in einem Zeichen verschiedene Piktogramme (Bildzeichen) zu einem Ideogramm kombiniert sein. 木 „Baum" (Piktogramm) und 人 „Mensch" (Piktogramm) ist 休 „ruhen" (Ideogramm). Bekannte Vertreter ideografischer Schriften sind Chinesisch und Japanisch.

Alphabet

Ein Alphabet ist eine Menge von Zeichen zur Abbildung von Lauten einer Sprache. Der Name Alphabet geht auf die ersten beiden Buchstaben des griechischen Schriftsystems zurück (Alpha: α; Beta: β).

Die altägyptischen Hieroglyphen benutzen eine Kombination aus Lautzeichen und Ideogrammen. Zusätzliche Determinative (Deutzeichen) verweisen, meist am Ende des Wortes, auf eine bestimmte Begriffsklasse, wie zum Beispiel „König".

Glyphe

Eine Glyphe ist die grafische Darstellung, also das konkrete Erscheinungsbild, eines Buchstabens oder eines anderen Schriftzeichens.

Ein Zeichen kann innerhalb einer Schrift durch verschiedene Glyphen repräsentiert werden. Auch Ligaturen (zum Beispiel ffi), die seit Anfang der Buchdruckerkunst verwendeten Buchstabenverbindungen, bilden eine einzige Glyphe zur Repräsentation der zugrunde liegenden Zeichenfolge (ffi). Andererseits können auch mehrere Glyphen zu einem einzelnen Zeichen zusammengesetzt werden (n + ˜ = ñ).

A   A   A   *𝒜*

Glyphen und Buchstaben
Der Buchstabe A repräsentiert durch vier unterschiedliche Glyphen einer Schriftart.

Schrift

Im Gegensatz zu anderen Sprachen kennt das Deutsche mit dem Wort Schrift einen umfassenden Sammelbegriff sowohl für das Geschriebene als auch für die Gestaltung der Schriftzeichen und deren Umsetzung als druckbare, physische oder digitale Lettern. Im typografischen Sinne ist Schrift in erster Linie eine Menge von Zeichen mit einer zusammengehörigen charakteristischen Gestalt, zum Beispiel die Schriften *Helvetica* und *Optima*.

Schriftstil/Schriftschnitt

Ein Schriftstil ist eine Variante einer Schrift, zum Beispiel KAPITÄLCHEN, *kursiv*, **fett,** etc. Die bis heute gebräuchliche Bezeichnung „Schnitt" geht auf die Technik des Stempelschnitts bei der Herstellung der Bleisatzlettern zurück. Ein Stempelschneider schnitt dabei den Entwurf des Buchstabens mit Feilen und Sticheln aus einem polierten Vierkantstab, der die Positiv-Vorlage für den späteren Guss der Lettern bildete.

Schriftfamilie

Eine Schriftfamilie ist eine zusammengehörige Menge von Schriftschnitten, die bestimmte gestalterische Merkmale teilen. Eine typische Schriftfamilie besteht zum Beispiel aus den Schriftschnitten *normal (roman), kursiv (italic), fett (bold)* und *fett kursiv (bold italic)*.

Schriftsippe

Eine Schriftsippe besteht aus einzelnen Schriftfamilien, die meist ein gemeinsames Formprinzip teilen, sich aber nicht in nur eine Schriftklasse (zum Beispiel Renaissance-Antiqua) einteilen lassen.

Die Schrift *Linotype Compatil* setzt sich zum Beispiel aus einer humanistischen Grotesk, einer serifenbetonten Linearantiqua, einer Barock- und einer Renaissance-Antiqua zusammen.

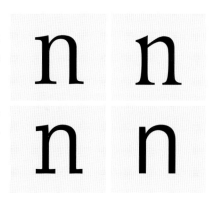

Linotype Compatil:
Vier Schriftfamilien in einer Schriftsippe

13

Zeichensatz/Zeichenkodierung

Vielfach wird Zeichensatz als Synonym für einen Computerfont benutzt. Diese Anwendung ist allerdings nicht glücklich gewählt, da sich ein Font heute insbesondere dadurch auszeichnet, dass die Fontdateien, neben Daten zur Gestalt der Zeichen, weitere Informationen zu Zurichtung, Unterschneidung, Bildschirmdarstellung etc. enthalten.

Ein Zeichensatz steht vielmehr für einen zusammengehörigen Satz von Zeichen, zum Beispiel Buchstaben, Ziffern, Satz- und Sonderzeichen. Werden diese Zeichen am Rechner verwendet, müssen sie kodiert werden. Eine *Zeichenkodierung* ordnet dabei jedem Zeichen einen speziellen Kode zu.

Font

Im Gegensatz zu Schrift und Schriftart, deren Bedeutung meist auf die Gestalt der Zeichen abzielt, wird mit Font die Menge der druckbaren Lettern bezeichnet. Dies war früher ein zusammengehöriger Guss von Bleilettern (von *fonte*, französisch für schmelzen, gießen). Heute bezeichnet Font im engeren Sinne die digital druckbare Form einer Schrift, also die Fontdateien selbst. Umgangssprachlich spricht man mittlerweile bei allen für den Computer entworfenen Schriften auch synomyn von Fonts.

Raster- oder Bitmapfonts bestehen ausschließlich aus einer Bildpunktmatrix und können deshalb in der Regeln nur in einer Schriftgröße benutzt werden.

Bei *vektorbasierten Fonts* ist die Buchstabenform durch eine mathematische Beschreibung einer Umrisslinie definiert. Die Schrift kann so beliebig in der Größe skaliert werden. Die bekanntesten Vektorfont-Formate sind *TrueType, PostScript Type1* und *OpenType.*

Pixel- oder Screenfonts sind zwar vektorbasiert, zielen aber auf die Verwendung am Bildschirm in einer ganz bestimmten Schriftgröße ab, bei der sie sich dann ähnlich einem Rasterfont verhalten.

Schriftkegel

Der Schriftkegel ist der Träger des Buchstaben-Reliefs im Bleisatz und bestimmt durch seine physischen Ausmaße den Mindestabstand zu den anliegenden Lettern und Zeilen. Auch die heutigen Computer-Fonts besitzen einen „virtuellen" Schriftkegel, der sich zum Beispiel beim Markieren von Zeichen in einem Textverarbeitungsprogramm zeigt.

Breite des Schriftkegels
(auch „Dickte" genannt)

Vorbreite

Nachbreite

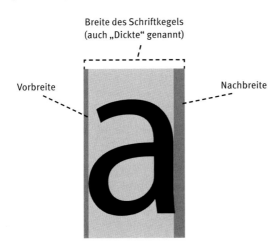

Zurichtung
Im Gegensatz zum Bleisatz können bei Computerfonts Elemente eines Buchstabens auch über den Schriftkegel hinaus in den Kegel anliegender Zeichen ragen – besonders bei ausladenden Kursivschriften unentbehrlich.

Zurichtung

Ein Buchstabe nimmt meist nicht die gesamte Breite des Schriftkegels ein, sondern besitzt eine Vor- und Nachbreite, die den Weißraum, das heißt den Standardabstand zu benachbarten Buchstaben, bestimmt. Diese Zurichtung der Zeichen ist vor allem bei Schriften für den Mengentext ein wichtiges Qualitätskriterium, da sie Grauwert und Lesbarkeit einer Schrift beeinflusst.

Kerning
Stehen die Schriftkegel direkt nebeneinander, erzeugt der große Weißraum (bei „Te" und „fo") eine optische Lücke.

Indem zwei Kegel durch Unterschneidung ineinander geschoben werden, lässt sich dies ausgleichen.

Unterschneidung (Kerning)

Auch wenn eine Schrift sorgfältig zugerichtet ist, müssen einige Buchstabenkombinationen noch einmal speziell ausgeglichen werden, weil sie entweder zu viel Weißraum erzeugen oder zu eng zueinander stehen. Computer-Fonts enthalten dazu Kerning-Tabellen, die die Vergrößerung oder Verkleinerung des Abstands bestimmter Buchstabenkombinationen definieren. Diese Voreinstellungen des Fonts können aber vom Anwender in Textverarbeitungs- und Layout-Programmen jederzeit verändert werden.

Geviert

Im digitalen Satz ist das Geviert heute nur noch ein gedachtes Quadrat, dessen Breite dem Wert der Schriftgröße entspricht. Das Geviert ist in der Regel die Bezugsgröße für die Einstellungen von Unterschneidung, Laufweite und den diversen Abstandszeichen, wie zum Beispiel dem *Halbgeviert*.

Laufweite

Die Laufweite bezeichnet allgemein die seitliche Ausdehnung, das heißt den Platzbedarf von Zeichen oder einer ganzen Schriftart. Im digitalen Schriftsatz kann die vom Schriftgestalter definierte Laufweite jederzeit vergrößert oder verkleinert werden. Der Eingriff in die Laufweite einer Schrift wird auch *Spationieren* genannt (von lateinisch *Spatium*, der Zwischenraum). Eine deutliche Erhöhung der Laufweite ist eine Form der Auszeichnung. Man spricht dann vom sogenannten *Sperren*.

Bildschirmoptimierung oder Hinting

Die heute üblichen Vektorschriften werden erst bei der Ausgabe auf Bildschirm oder Drucker in die für die Ausgabe nötigen Rasterpunkte zerlegt. Zur Steuerung dieses Prozesses kann ein Computer-Font – abhängig vom Fontformat – Hinweise („Hints") oder Anweisungen („Instructions") enthalten, die bestimmen, wie die Rasterung in kleinen Schriftgrößen erfolgen soll. Vor allem Systemschriften wie *Verdana* und *Georgia* zeichnen sich durch ausgezeichnetes Hinting aus.

Interpunktion

Im Deutschen werden die Bezeichnungen *Zeichensetzung* und *Interpunktion* heute gleichwertig angewandt. Das Wort Interpunktion hat seinen Ursprung im lateinischen *interpungere* („[einen Punkt] dazwischen stechen"). Das Wort Zeichensetzung ist erst zu Beginn des 18. Jahrhunderts belegt.

1.2 Zeichenkodierung

1.2.1 Grundlagen der Kodierung und Übertragung von Zeichen

„Sehen Sie, der Telegraf ist eine Art sehr, sehr langer Katze. Man zieht in New York an ihrem Schwanz, und sie miaut in Los Angeles."

Albert Einstein

Der Mensch kann Informationen in erster Linie durch den Klang der gesprochenen Sprache oder schriftbildlich wahrnehmen und verstehen. Wenn Klang oder Schrift aber nicht direkt übertragbar sind, muss eine dem Signalweg angemessene Kodierung benutzt werden. Klopf- und Rauchzeichen sind altbekannte Vertreter solch einer Kodierung. Damit die so verschlüsselte Information verstanden werden kann, müssen Sender und Empfänger sich auf einen einheitlichen Schlüssel zum Kodieren und Dekodieren einigen – eine leicht nachvollziehbare Tatsache, doch bis heute eine der häufigsten Fehlerquellen bei der Arbeit mit Text am Rechner.

Bratpfannen und Ohrenschmerzen – Die Geburt der Telegrafie

Das erste funktionierende Signalsystem, das als direkter Vorläufer des Telegrafen bezeichnet werden kann, wird dem Franzosen Claude Chappe zugeschrieben. Er modifizierte Ende des 18. Jahrhunders zwei Uhren so, dass deren Sekundenzeiger mit doppelter Geschwindigkeit über zehn Ziffern kreisten. Claude Chappe und sein Bruder René nahmen in einigen hundert Metern Entfernung Aufstellung. Die zuvor synchronisierten Uhren konnten nun zur Übertragung von Botschaften genutzt werden, indem Claude wartete, bis die zu übertragende Ziffer vom Sekundenzeiger überfahren wurde und zeitgleich auf eine Bratpfanne schlug. Boiinnng! René hörte den Ton

und konnte an seiner Uhr die Ziffer ablesen. Ein numeriertes Wörterbuch diente dabei als Kodebuch, um die übertragenen Ziffern wieder in Buchstaben, Wörter und Sätze zurückzuwandeln. Neben der Lärmbelästigung bestand allerdings das unumstößliche Problem, dass sich Sender und Empfänger immer in Hörweite zueinander befinden mussten. Je nach Windrichtung waren also kaum mehr als einige Hundert Meter Übertragungsweg möglich.

Soweit das Auge reicht

Chappe erkannte, dass es wahrscheinlich sinnvoller wäre, statt eines hörbaren Signals ein sichtbares zu verwenden. An die Stelle der Pfannen traten also schwenkbare Holztafeln, die an einer Seite weiß, an der andern schwarz gestrichen waren. Während der Sekundenzeiger der Chappe-Uhren über eine bestimmte Ziffer strich, konnte diese durch Schwenken der Tafel übertragen werden. Nahm der Empfänger ein Teleskop zuhilfe, waren schon beträchtliche Entfernungen möglich. Die Erfindung wurde Télégraphe („Fernschreiber") getauft. Chappe fand später eine Methode, ohne sychronisierte Uhren auszukommen. An einem Balken wurde ein drehbarer Querbalken angebracht, dessen Enden wiederum mit zwei Flügeln bestückt waren, die sich in 45-Grad-Schritten drehen ließen. So konnten über Seilzüge 98 mögliche Kombinationen eingestellt werden. Über Kodebücher konnte man 92 mal 92, also 8464 Wörter und Phrasen übermitteln. Wurden mehrere Türme in Sichtweite zueinander aufgestellt, in denen die Nachrichten der benachbarten Stationen weitergeleitet wurden, ließen sich beliebige Entfernungen überbrücken. Die französische Nationalversammlung erkannte das Potential der Erfindung, und im Mai 1794 nahm die erste Strecke des französischen Staatstelegrafen von Paris nach Lille ihren Dienst auf – vornehmlich zum Senden von militärischen Informationen. Der optische Telegraf wurde mit verschiedensten Patenten aus Balken oder Klappen auch in anderen Ländern schnell ein großer Erfolg. In den 30er Jahren des 19. Jahrhunderts erstreckten sich bereits lange Reihen von Telegrafen-Türmen über einen großen Teil Westeuropas. Ein mechanisches Internet war geboren.

Flügeltelegraph nach Chappe
Die Position von Querbalken und Flügeln konnten von innen gesteuert werden und zeigt die verschiedenen Buchstaben an.

Die Mönchskette

Der Betrieb der optischen Telegrafen war jedoch nicht nur teuer, sondern immer noch von Tageslicht und guten Sichtverhältnissen abhängig. Schon das Aufziehen von Nebel konnte die Nachrichtenübertragung vereiteln. Die Idee eines elektrischen Telegrafen spukte in den Köpfen vieler Erfinder und Tüftler herum, galt aber zur damaligen Zeit als utopisch. Denn vor Erfindung der Glühbirne durch Thomas Edison scheiterte man schon daran, wie überhaupt Strom in einer Leitung nachzuweisen ist, geschweige denn sichtbar gemacht werden kann. Ein besonders anschauliches Experiment zur Erkundung der Elektrizität veranstaltete der französische Wissenschaftler Abbé Jean-Antoine Nollet bereits im Jahr 1746. Er ließ in Paris etwa 200 Mönche eine Kette bilden, wobei jeder Mönch in beiden Händen einen 7,5 Meter langen Eisendraht hielt, der ihn mit seinem Nachbarn verband.

So ergab sich eine leitfähige Verbindung von über einer Meile. Nollet schickte nun ohne Vorwarnung Strom durch die „Mönchsleitung", und der Elektroschock beutelte alle aufs Ärgste durch, wodurch die Eigenschaften des elektrischen Stroms anschaulich sichtbar wurden. Nollet machte damit die bedeutende Entdeckung, dass sich Strom offenbar über weite Entfernungen und ohne merklichen Zeitverlust übertragen lässt.

Lange Leitungen

1820 fand man in der Entdeckung des Elektromagnetismus eine schonendere Methode, elektrischen Strom sichtbar zu machen. Über einen Elektromagneten und den Ausschlag der rotierenden Nadel eines Galvanometers konnte der Stromfluss erstmals zuverlässig abgebildet werden. Mit solch einem Elektromagneten kam Samuel F. B. Morse im Jahr 1832 auf einer Heimreise mit dem Schiff von Europa nach Amerika in Berührung. Ein anderer Passagier, der einen Elektromagneten und allerlei andere elektrische Utensilien mit sich führte, erklärte, dass Strom eine Leitung beliebiger Länge ohne Zeitverzögerung passieren könne. Morse, seines Zeichens Maler von Beruf, war wie vom Blitz getroffen. „Wenn das Vorhandensein von Elektrizität in jedem beliebigen Teil des Stromkreises sichtbar gemacht werden kann", sagte er angeblich, „sehe ich keinen Grund, warum

Informationen nicht mittels Strom in jede Entfernung übertragen werden könnten, und zwar ohne Zeitverlust." Noch während der Schiffsfahrt entwickelte Morse ein binäres System zur Kodierung der Nachrichten. Denn er erkannte schnell, dass über ein Stromsignal lediglich zwei Zustände (Strom fließt/Strom fließt nicht) übertragen werden konnten. Die mannigfaltigen Kodierungsformen der optischen Telegrafen waren also hier unbrauchbar. Morse entschied sich daher, kurze und lange Stromstöße zu verwenden, die wir noch heute in ihrer transkribierten Form als Punkte und Striche des nach ihm benannten Morse-Alphabets kennen.

A	B	C	Komma	Punkt
.−	−...	−.−.	−−..−−	.−.−.−

Morse-Alphabet
Einige Zeichen aus dem internationalen Morse-Alphabet

Auch in England arbeitete man zeitgleich an elektrischen Telegrafen. Doch auf beiden Seiten des Atlantiks traten die gleichen Schwierigkeiten auf. Zum einen bereitete es größere Probleme als erwartet, den Strom tatsächlich über weite Entfernungen zu schicken, und zum anderen war es ebenso schwierig, Regierungen und Geschäftskunden von den Vorzügen des elektrischen Telegrafen gegenüber den bereits etablierten und funktionierenden optischen Telegrafen zu überzeugen. Die ersten Kunden waren zumeist Eisenbahngesellschaften, die elektrische Telegrafen-Leitungen neben ihre Gleisstrecken legten. Diese Leitungen verhalfen der Telegrafie erst dann zu viel öffentlichem Aufsehen, als immer wieder Diebe und Verbrecher, die bis dahin meist problemlos mit der Eisenbahn flüchten konnten – die Nachricht über die Flucht konnte ja nie schneller sein als der Zug – plötzlich am Bahnsteig von der Polizei erwartet wurden. Ein einfaches Telegramm, wie die telegrafischen Mitteilungen nun hießen, hatte dies ermöglicht.

Englischer 5-Nadel-Telegraph
Dieses System konnte durch Auslenkung zweier Nadeln direkt den übertragenen Buchstaben anzeigen. (Hier „V")

Die Welt wurde verkabelt

In der Mitte des 19. Jahrhunderts beginnt sich das Telegrafennetz fast explosionsartig auszubreiten – vor allem in den Vereinigten Staaten, die nun durch eine transkontinentale Telegrafenleitung von der Ost- bis zur Westküste verbunden waren. Die allgemeine Skepsis weicht einer breiten Begeisterung über die neuen Möglichkeiten, und die Telegrafie wird zu einem alltäglichen Bestandteil im Geschäftsbereich und im Privatleben. 1865 wird nach mehreren missglückten Versuchen selbst der Atlantik mit einer unter Wasser verlegten, telegrafischen Leitung überwunden. Die Telegrafie wird rasch so erfolgreich, dass das Netzwerk unter der Last der Nachrichten zusammenzubrechen droht. Im Jahr 1875 beherbergte das zentrale Londoner Telegrafenamt bereits 450 telegrafische Instrumente auf drei Etagen, die durch 68 interne pneumatische Rohre miteinander verbunden waren, über die per Dampfbetrieb die Nachrichten weitergeleitet werden konnten.

Automatische Telegrafen

So schnell die Botschaft auch telegrafiert werden konnte, man benötigte zur Übertragung der Mitteilung immer noch Botenjungen, die von der nächstgelegenen Telegrafie-Zweigstelle die Nachricht zur Adresse des Empfängers brachten. Speziell für die immer schneller reagierende Börse und deren Händler bot es sich an, Preise automatisiert weitergeben zu können. 1867 wurde ein System entwickelt, bei dem Aktiennamen und deren aktuelle Preise in zwei Zeilen auf einen fortlaufenden Papierstreifen gedruckt werden konnten. Das Ausgabegerät bekam auf Grund seines Geräusches den noch heute bekannten Namen „Ticker" und wurde kurzzeitig zu einem Riesenerfolg. Doch nun machte man sich daran, nicht nur den Empfang zu automatisieren, sondern auch die Eingabe der Telegramme zu beschleunigen und zu vereinfachen, eine Arbeit, die bislang nur von erfahrenen Telegrafisten erledigt werden konnte. Der ABC-Telegraf von Charles Wheatstone hatte zwei Scheiben ähnlich eines Uhrziffernblattes, die mit den Buchstaben des Alphabets versehen waren. Eine Scheibe diente zum Ablesen eingehender Telegramme, die andere zum Senden. Durch Betätigung der Knöpfe neben den Buchstaben und Drehen einer Kurbel konnte das Telegramm ohne Kenntnis des Morse-Alphabets versandt werden. Das Läuten einer Glocke zeigte den Eingang eines neuen Telegrammes an.

Binärkodes

Das menschliche Gehirn ist der Lage, verschiedenste visuelle Repräsentationen eines Zeichens zuzuordnen. So bereitet es uns kaum Schwierigkeiten, alle dieser doch sehr unterschiedlichen Varianten als den Buchstaben „a" zu identifizieren.

Ein Zeichen, hier der Buchstabe A, kann durch verschiedene Glyphen wiedergegeben werden.

Rechner können auf Betriebssystem-Ebene lediglich zwei Zustände unterscheiden, welche meist als „Null" und „Eins" bezeichnet werden. Man nennt dieses System auch ein Bit (von „binary digit"), die beiden Zustände Bitwerte. Um mehr als nur zwei Zustände wiedergeben zu können, werden mehrere Bits gruppiert. So ermöglichen zwei Bit vier Zustände (00, 01, 10 und 11), drei Bit schon acht (000, 001, 010, 011, 100, 101, 110, 111). Allgemein ausgedrückt lassen sich mit n Bit 2^n Zustände darstellen.

Solch ein Zweizustandssystem ist jedoch schon wesentlich älter als die moderne Rechentechnik. Bereits 1605 erfand Sir Francis Bacon im Alter von 17 Jahren den Kode „omnia per omnia" – eine zweiwertige Zeichenkodierung, die es ermöglichte, beliebige Botschaften über Texte, Töne oder Lichtsignale in verschlüsselter Form zu übertragen. Der Schlüssel, den Bacon zum Kodieren und Dekodieren verwendete, sah folgendermaßen aus:

A	B	C	D	E	F	G	H
aaaaa	aaaab	aaaba	aaabb	aabaa	aabab	aabba	aabbb

I	K	L	M	N	O	P	Q
abaaa	abaab	ababa	ababb	abbaa	abbab	abbba	abbbb

R	S	T	V	W	X	Y	Z
baaaa	baaab	baaba	baabb	babaa	babab	babba	babbb

Wie man sieht, kann Bacon auf diese Weise alle Zeichen des Alphabets mit einer 5-stelligen Folge von nur zwei Zuständen (hier a und b) eindeutig kodieren. Diese Tabelle, also die Zuordnung von Zeichen zu einem bestimmten Kode, nennt man Zeichenkodierung. Solange Sender und Empfänger den gleichen Zeichenkode als Schlüssel verwenden, kann die Nachricht korrekt übermittelt werden. Bacons Kode diente allerdings zunächst ausschließlich der Verschlüsselung von Geheimbotschaften, indem zum Beispiel die Zustände nicht direkt durch eine Abfolge von a und b, sondern durch den Wechsel zwischen Groß- und Kleinschrift in einen Text integriert wurden. Zur Übertragung von Informationen über weite Strecken wurde der Kode noch nicht verwendet. Dies geschah wie schon seit Jahrhunderten zuvor ausschließlich per berittener Boten.

Da Texte im Computer stets in solchen zweiwertigen Folgen, den Binärzahlen, gespeichert und übertragen werden, dient eine Zeichenkodierung am Rechner der Zuordnung der Zeichen zu einer korrespondierenden Binärzahl.

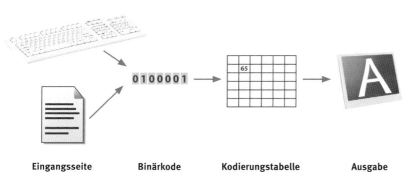

Eingangsseite   Binärkode   Kodierungstabelle   Ausgabe

Zeichenkodierung
Vereinfachtes Schema der Zeichenkodierung am Rechner. Die intern verwendeten Binärkodes müssen immer wieder über eine Zeichenkodierungstabelle in darstellbare Zeichen gewandelt werden.

Deshalb kann der Text nur bei Anwendung der richtigen Zeichenkodierung korrekt entschlüsselt werden. Eine andere Kodierung kann für die gleichen Binärkodes mit völlig anderen Zeichen hinterlegt sein.

Der Baudot-Kode

1874 entwickelte Jean Maurice Emile Baudot von der französischen Telegrafenverwaltung eine neue Form des Telegrafen, die die Kapazität der Leitung noch einmal drastisch erhöhte. Über synchronisierte Verteilerarme an beiden Enden der Leitung konnte nun die Last von 12 Leitungen erreicht werden. Baudot setzte allerdings nicht den üblichen Morse-Kode ein, sondern einen Binärkode aus fünf Zeichen – nach dem gleichen Prinzip, wie ihn Sir Francis Bacon bereits für seine Verschlüsselung benutzt hatte. Der einzige Unterschied bestand darin, dass Baudot nun für jedes Zeichen eine Sequenz von fünf Stromimpulsen benutzte, die jeweils entweder positiv oder negativ sein konnten. Am Empfängerende wurde die Nachricht automatisch als Schriftzeichen auf einem Papierstreifen ausgegeben. Mit einer solchen 5-Bit-Sequenz ließen sich im später standardisierten „International Telegraph Alphabet" 32 Zustände (2^5) übertragen, also gerade genug Platz für das Alphabet. Der ab 1930 standardisierte Kode zur Telegrafie ITA2 enthielt auch erstmals Steuerzeichen, mit denen Anweisungen an das Empfangsgerät gesendet werden konnten, zum Beispiel zum Läuten einer Glocke. Zudem konnte man über die Steuerzeichen auch zusätzliche Zeichen-Bereiche aktivieren – ähnlich der Anwendung der Shift-Taste an heutigen Rechner-Tastaturen.

1.2.2 ASCII – Die Basis aller Zeichensätze

„Nach der DNS gehört der ASCII zu den erfolgreichsten Codes auf diesem Planeten."

Johannes Bergerhausen

Der 1963 von der amerikanischen Standardbehörde ANSI („American National Standard Institute") verabschiedete ASCII-Kode („US American Standard Code of Information Interchange") ist bis heute eine der wichtigsten Zeichenkodierungen. Ziel war es, für die ersten, zumeist amerikanischen Großrechner einen einheitlichen Standard zum Austausch von textbasierten Informationen einzuführen. Texte konnten nun herstellerunabhängig zwischen Rechnern ausgetauscht und an Ausgabegeräte wie Bildschirme und Drucker gesendet werden.

Der ASCII-Zeichenkode ähnelt in seinem Grundprinzip dem Baudot-Kode der Telegrafie. Er ist jedoch ein auf sieben Bit basierender Zeichenkode und bietet somit Platz für 128 Zeichen, von denen 33 Steuerzeichen ausmachen und 95 typografischer Natur sind. Die Tabelle auf der folgenden Seite zeigt die Belegung der 128 Positionen des ASCII-Zeichensatzes.

NUL	DLE		0	@	P	`	p
SOH	DC1	!	1	A	Q	a	q
STX	DC2	"	2	B	R	b	r
ETX	DC3	#	3	C	S	c	s
EOT	DC4	$	4	D	T	d	t
ENQ	NAK	%	5	E	U	e	u
ACK	SYN	&	6	F	V	f	v
BEL	ETB	'	7	G	W	g	w
BS	CAN	(	8	H	X	h	x
HT	EM	)	9	I	Y	i	y
LF	SUB	*	:	J	Z	j	z
VT	ESC	+	;	K	[	k	{
FF	FS	,	‹	L	\	l	|
CR	GS	-	=	M	]	m	}
SO	RS	.	›	N	^	n	~
S1	US	/	?	O	_	o	DEL

ASCII-Tabelle
Die 128 Positionen sind spaltenweise von links oben nach rechts unten dargestellt.

Die Steuerzeichen (in der Tabelle orange dargestellt) sind nicht darstellbare Zeichen, mit denen sich Anweisungen an das Ausgabegerät direkt im laufenden Text übertragen lassen. Steuerzeichen wurden bereits in der Telegrafie verwendet, um zum Beispiel das Ausgabegerät anzuweisen, eine neue Zeile zu beginnen (*Line Feed,* Zeilenvorschub) und den Druckkopf wieder an den Zeilenanfang zu fahren (*Carriage Return,* Wagenrücklauf). Heute sind nur noch sehr wenige der Steuerzeichen in Benutzung.

Vernünftiges Schreiben ist mit dem ASCII-Kode allerdings nur in Englisch möglich, da diakritische Zeichen anderer Sprachen fehlen wie zum Beispiel die französischen Akzente oder die deutschen Umlaute.

ASCII-Art

Not macht erfinderisch: Vor der Einführung von grafikfähigen PCs waren die wenigen Zeichen des ASCII-Zeichensatzes die einzige Möglichkeit zur Schaffung von Bildelementen und Illustrationen. Unter Zuhilfenahme von dickengleichen Fonts wie der *Courier* konnten so einfache Strichgrafiken erstellt werden.

```
                (__)
                (oo)
         /-------\/            __           O               _O
        /  |     ||          /o)\          /H\             _\-<,
       *   ||----||          \(o/          / \           _()/(_)_
         ~~        ~~           "" ""
```

In den Signaturen von Newsgroup-Nachrichten und E-Mails finden sich die ASCII-Bildchen teilweise noch heute.

1.2.3 8-Bit-Zeichenkodierungen – Ringen um einen Standard

„Acht Bit? Pro Zeichen? Klasse, dann ist man ja schon nach wenigen Wörtern stockbesoffen."

aus dem Usenet

Um auch Zeichen anderer Sprachen kodieren zu können, wurde der ASCII-Kode später auf die bis heute noch üblichen 256 Zeichen erweitert. Diese nunmehr auf 8 Bit ausgelegten Zeichenkodierungen bauen meist auf dem ASCII-Kode auf, enthalten aber an den zusätzlichen Positionen diakritische Zeichen, Umlaute, mathematische Zeichen, Interpunktionen, Währungszeichen und so weiter.

Die Geräte- und Software-Hersteller einigten sich allerdings nicht auf eine einheitliche Belegung der zusätzlichen Zeichen. Die Tabelle auf Seite 28 zeigt zum Beispiel einen Vergleich der weit verbreiteten Zeichensätze für Windows (CP1252/ „ANSI") und Mac OS („Mac Roman").

Wie die Darstellung erkennen lässt, ist lediglich der ASCII-Bereich zwischen den Positionen 32 und 126 identisch belegt. Die meisten restlichen Zeichen befinden sich an unterschiedlichen Positionen. Andere oft verwendete Zeichen wie die Bruchzeichen am PC oder die fi- und fl-Ligaturen am Mac sind im jeweils anderen Zeichensatz überhaupt nicht vorhanden. Beim Austausch von Dokumenten zwischen Rechnern, die unterschiedliche Zeichenkodierungen benutzen, muss dies beachtet werden. Wenn zum Beispiel die deutschen Umlaute oder das Eszett durch andere Zeichen ersetzt werden, deutet dies auf einen falschen Zeichenkode hin.

Manche Anwendungsprogramme sind allerdings in der Lage, die Zeichenbelegung selbstständig umzukodieren. So können zum Beispiel Word-Dokumente meist relativ problemlos zwischen PC und Mac ausgetauscht werden. Das Programm kennt die unterschiedliche Belegung der Zeichen und passt diese beim Öffnen des Dokuments automatisch an. Dies gilt freilich nur für die Zeichen, die in beiden Zeichensätzen vorhanden sind – nicht verfügbare Zeichen fehlen oder werden mit dem Symbol *not defined* markiert, meist ein nicht gefülltes Rechteck.

Code	ANSI (CP1252)	Mac Roman
32		
33	!	!
34	"	"
35	#	#
36	$	$
37	%	%
38	&	&
39	'	'
40	(	(
41	)	)
42	*	*
43	+	+
44	,	,
45	-	-
46	.	.
47	/	/
48	0	0
49	1	1
50	2	2
51	3	3
52	4	4
53	5	5
54	6	6
55	7	7
56	8	8
57	9	9
58	:	:
59	;	;
60	<	<
61	=	=
62	>	>
63	?	?
64	@	@
65	A	A
66	B	B
67	C	C
68	D	D
69	E	E
70	F	F
71	G	G
72	H	H
73	I	I
74	J	J
75	K	K
76	L	L
77	M	M
78	N	N
79	O	O
80	P	P
81	Q	Q
82	R	R
83	S	S
84	T	T
85	U	U
86	V	V
87	W	W
88	X	X
89	Y	Y
90	Z	Z
91	[	[
92	\	\
93	]	]
94	^	^
95	_	_
96	`	`
97	a	a
98	b	b
99	c	c
100	d	d
101	e	e
102	f	f
103	g	g
104	h	h
105	i	i
106	j	j
107	k	k
108	l	l
109	m	m
110	n	n
111	o	o
112	p	p
113	q	q
114	r	r
115	s	s
116	t	t
117	u	u
118	v	v
119	w	w
120	x	x
121	y	y
122	z	z
123	{	{
124	|	|
125	}	}
126	~	~
127		
128		Ä
129		Å
130	‚	Ç
131	ƒ	É
132	„	Ñ
133	…	Ö
134	†	Ü
135	‡	á
136	ˆ	à
137	‰	â
138	Š	ä
139	‹	ã
140	Œ	å
141		ç
142		é
143		è
144		ê
145	'	ë
146	'	í
147	"	ì
148	"	î
149	•	ï
150	–	ñ
151	—	ó
152	˜	ò
153	™	ô
154	š	ö
155	›	õ
156	œ	ú
157		ù
158		û
159	Ÿ	ü
160		†
161	¡	°
162	¢	¢
163	£	£
164	€	§
165	¥	•
166	¦	¶
167	§	ß
168	¨	®
169	©	©
170	ª	™
171	«	´
172	¬	¨
173	-	≠
174	®	Æ
175	¯	Ø
176	°	∞
177	±	±
178	²	≤
179	³	≥
180	´	¥
181	µ	µ
182	¶	∂
183	·	∑
184	¸	∏
185	¹	π
186	º	∫
187	»	ª
188	¼	º
189	½	Ω
190	¾	æ
191	¿	ø
192	À	¿
193	Á	¡
194	Â	¬
195	Ã	√
196	Ä	ƒ
197	Å	≈
198	Æ	∆
199	Ç	«
200	È	»
201	É	…
202	Ê	
203	Ë	À
204	Ì	Ã
205	Í	Õ
206	Î	Œ
207	Ï	œ
208	Ð	–
209	Ñ	—
210	Ò	"
211	Ó	"
212	Ô	'
213	Õ	'
214	Ö	÷
215	×	◊
216	Ø	ÿ
217	Ù	Ÿ
218	Ú	⁄
219	Û	€
220	Ü	‹
221	Ý	›
222	Þ	fi
223	ß	fl
224	à	‡
225	á	·
226	â	‚
227	ã	„
228	ä	‰
229	å	Â
230	æ	Ê
231	ç	Á
232	è	Ë
233	é	È
234	ê	Í
235	ë	Î
236	ì	Ï
237	í	Ì
238	î	Ó
239	ï	Ô
240	ð	(Apple)
241	ñ	Ò
242	ò	Ú
243	ó	Û
244	ô	Ù
245	õ	ı
246	ö	ˆ
247	÷	˜
248	ø	¯
249	ù	˘
250	ú	˙
251	û	˚
252	ü	¸
253	ý	˝
254	þ	˛
255	ÿ	ˇ

Diese Zeichen sind im ANSI-Zeichenkode und in Mac Roman an gleicher Position vorhanden

Diese Zeichen sind in beiden Zeichenkodes vorhanden, aber an unterschiedlichen Positionen

Diese Zeichen sind nur im ANSI-Zeichenkode vorhanden und fehlen in Mac Roman

Diese Zeichen sind nur in Mac Roman vorhanden und fehlen im ANSI-Zeichenkode

Es sei noch erwähnt, dass die abgebildeten Zeichensätze lediglich in den Sprachen, die auf dem lateinischen Alphabet aufbauen, Verwendung finden. Für andere Schriftsysteme wie Kyrillisch, Griechisch oder Hebräisch existieren wiederum eigene 8-Bit-Zeichensätze, die mit den lateinischen Zeichensätzen ebenso inkompatibel sind.

Expert-Fonts

Für die Zeichen, die für typografische Feinheiten nötig sind, wie besondere Ligaturen, hoch- und tiefgestellte Ziffern, Schwungbuchstaben und so weiter ist in der Standardbelegung eines 8-Bit-Fonts kein Platz mehr. Deshalb war man hier lange auf die so genannten Expert-Fonts angewiesen. Diese verhalten sich wie ein 8-Bit-Font, haben aber an den Positionen der standardisierten Zeichensätze individuelle Zeichen, die sich durch den Formatierungswechsel zum Expert-Font in einen Text einfügen lassen. Ein so formatierter Text ist allerdings nur noch mit den vorgesehenen Schriftarten benutzbar.

Expert-Font
Beispiel der Belegung eines Expert-Fonts. Welche Zeichen ein Expert-Font enthält, ist nicht herstellerübergreifend standardisiert

Mit der zunehmenden Verbreitung von Unicode-fähigen Fonts (siehe Seite 32) werden neben den Expert-Fonts auch andere, in einzelne Fonts ausgelagerte Font-Varianten wie zum Beispiel Kapitälchen überflüssig, da hier alle Zeichen in einem Font intergriert sein können.

ISO-8859-Zeichenkodierungen

Um den vielen voneinander abweichenden Zeichenkodierungen entgegenzuwirken, entwickelte die Internationale Organisation für Normen (ISO) bereits in den 80er Jahren eine Serie von ISO-8859-Standards. Diese definieren 15 Normen von 8-Bit-Zeichenkodierungen:

- ISO 8859-1 (Latin-1) - Westeuropäisch
- ISO 8859-2 (Latin-2) - Osteuropäisch
- ISO 8859-3 (Latin-3) - Südeuropäisch und Esperanto
- ISO 8859-4 (Latin-4) - Baltisch
- ISO 8859-5 (Kyrillisch)
- ISO 8859-6 (Arabisch)
- ISO 8859-7 (Griechisch)
- ISO 8859-8 (Hebräisch)
- ISO 8859-9 (Latin-5) - Türkisch statt Isländisch, sonst wie Latin-1
- ISO 8859-10 (Latin-6) - Nordisch
- ISO 8859-11 (Thai)
- ISO 8859-13 (Latin-7) - Baltisch (ersetzt Latin-4 und -6)
- ISO 8859-14 (Latin-8) - Keltisch
- ISO 8859-15 (Latin-9) - Westeuropäisch mit Eurozeichen
- ISO 8859-16 (Latin-10) - Südosteuropäisch mit Eurozeichen

Die Zeichenkodierung *ISO-8859-1*, auch bekannt als *ISO Latin 1*, ist der dominierende Standard in Westeuropa, den USA, Australien und großen Teilen Afrikas. Es lassen sich damit die Sprachen Afrikaans, Albanisch, Baskisch, Dänisch, Deutsch, Englisch, Färöisch, Finnisch (leicht eingeschränkt), Französisch (eingeschränkt), Isländisch, Italienisch, Katalanisch, Niederländisch (leicht eingeschränkt), Norwegisch, Portugiesisch (inklusive Brasilianisch), Rätoromanisch, Schottisches Gälisch, Schwedisch, Spanisch und Suaheli darstellen. Für die osteuropäischen Sprachen existiert der mit dem Latin-1-Standard inkompatible Zeichensatz *ISO 8859-2 (ISO Latin 2)*, mit dem die Sprachen Bosnisch, Kroatisch, Tschechisch, Ungarisch, Polnisch, Rumänisch, Serbisch (lateinisch transkribiert), Serbokroatisch, Slowakisch, Slowenisch und Sorbisch darstellbar sind.

Die ISO-8859-Zeichenkodierungen sind insbesondere bei der Kommunikation über das Internet im Einsatz, um Inhalte plattformunabhängig austauschen zu können. Innerhalb vom Webseiten wird die zu verwendende Zeichenkodierung versteckt übertragen und der Browser dadurch angewiesen, die Standard-Zeichenkodierung gegebenenfalls zu wechseln:

‹meta http-equiv="Content-Type" content="text/html; charset=iso-8859-1" /›

Fehlt diese Angabe, werden Texte unter Umständen falsch interpretiert, zum Beispiel, wenn eine deutschsprachige Webseite mit Umlauten und Eszett in Osteuropa abgerufen wird.

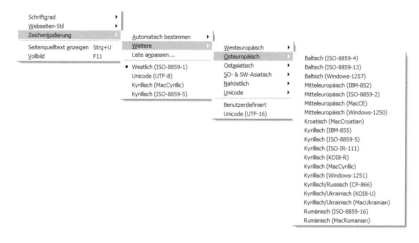

Benutzt der Webbrowser eine falsche Zeichenkodierung zum Anzeigen einer Seite, kann die Zeichenkodierung auch manuell angewählt werden.

1.2.4   Unicode – Der Welt-Zeichen-Kode

Der weltweite Austausch von Daten gewinnt zunehmend an Bedeutung. Unterschiedliche Computer-Plattformen, Programmiersprachen und Datenbanksysteme verlangen nach einem einheitlichen Kodierungsstandard zum Datenaustausch. Die Beschränkung auf eine Kodierung mit 8 Bit kann diese Forderung nicht erfüllen, da die damit möglichen 256 Zeichen lediglich ausreichen, um einzelne Sprachsysteme abzubilden. Das Mischen beliebiger Sprachen ist damit nicht möglich.

Es ist natürlich auch mit 8-Bit-Zeichensätzen denkbar, einen Text zu erstellen, der zum Beispiel russische und griechische Textabschnitte enthält. Diese müssen dazu lediglich mit entsprechenden Fonts (zum Beispiel *Helvetica cyrillic* und *Helvetica greek*) formatiert werden. Doch auch dies kann nur eine Notlösung sein. Denn im Dokument bedienen sich dann zwangsläufig beide Sprachen der gleichen Binärkodes – eine eindeutige Zuordnung eines Kodes zu einem Zeichen ist nicht gegeben. Schon das Öffnen des Dokuments in einer anderen Schriftart würde die Inhalte für den Empfänger unbrauchbar machen.

Eine eindeutige Zeichenkodierung, die unabhängig von Sprachräumen und Rechnerplattformen ist, scheint heute aber unabdingbar – sei es für die Kundendatenbank eines weltweit agierenden Unternehmens oder den Satz einer wissenschaftlichen Arbeit oder eines vielsprachigen Medikamenten-Beipackzettels. Die Lösung dieser Probleme ist so einfach wie nahe liegend. Statt verschiedene Sprachen durch identische Kodes abzubilden, muss ein Standard geschaffen werden, der jedem grafischen Zeichen oder Element aller bekannten Schriftkulturen und Zeichensysteme einen eindeutigen Kode zuordnet. Dieser Standard ist Unicode. Er gibt jedem Zeichen seine eigene Nummer – plattformunabhängig, programmunabhängig und sprachunabhängig.

Der Dezimalkode 228 repräsentiert in verschiedenen 8-Bit-Zeichensätzen völlig unterschiedliche Zeichen. Unicode definiert für den deutschen Umlaut „ä" den einmaligen Kode „00E4", der ausschließlich als dieses Zeichen interpretiert wird.

	Windows	Macintosh
Dezimalkode 228	ä	%
Unicode 00E4	ä	ä

Die Tragweite dieses Zeichensatzes geht allerdings weit darüber hinaus, einfach ein weiterer Industrie-Standard zu sein – mit dem ehrgeizigen Ziel, jedem Zeichen der Welt eine eindeutige Kodierung zu geben, wird der Unicode gleichsam zum kulturgeschichtlichen Projekt. Selbst Schriftzeichen, die nur von kleinen Menschengruppen benutzt werden, können im Unicode vertreten sein, und bereits

ausgestorbene Schriftsysteme oder jene, denen dieses Schicksal droht, werden im Unicode bewahrt. Der Unicode bildet somit ein dauerhaftes „Museum der Schriftkultur".

Für die Entwicklung des Standards hat sich das Unicode-Konsortium gegründet, eine gemeinnützige Organisation, deren Mitglieder ein breites Spektrum von Firmen und Institutionen in der datenverarbeitenden Industrie und Informationstechnologie vertreten. Der Unicode-Standard wurde im Jahr 1991 erstmals veröffentlicht. Er wird von führenden Computer-Unternehmen wie Apple, Hewlett-Packard, IBM, Microsoft, Sun und so weiter bereits unterstützt und geht mit den aktuellen Normen von HTML und XML konform. Es bestehen kaum Zweifel daran, dass sich Unicode zum wichtigsten Kodierungsstandard entwickeln wird. Dennoch ist weder die umfassende Verbreitung noch die Entwicklung des Standards schon völlig abgeschlossen. Derzeit sind in der Unicode Version 4.0 fast Hunderttausend Zeichen erfasst – weitere Zeichen werden aber immer wieder folgen.

Zur besseren Übersicht werden die Zeichen im Unicode zu systematischen Klassen zusammengefasst. Hier eine kleine Auswahl der Bereiche:

- · Latin
- · Allgemeine Interpunktionszeichen
- · Währungszeichen
- · Hoch- und Tiefstellungen
- · Buchstabenartige Symbole
- · Pfeiltasten
- · Mathematische Operatoren
- · Griechisch
- · Kyrillisch
- · Hebräisch

Unicode-Zeichen finden
Am PC leider etwas versteckt: Wird in der Zeichentabelle als Zeichensatz „Unicode" aktiviert und bei „Gruppieren nach" der Punkt „Unicode-Unterbereich" ausgewählt, lässt sich der Zeichenvorrat eines Unicode-Fonts bequem nach den Unicode-Bereichen durchsuchen.

Die Einteilung dieser Unicode-Bereiche ist übrigens nicht nur für IT-Spezialisten interessant. Je besser neue Fonts den Zeichenvorrat von Unicode ausschöpfen, desto mehr werden auch die Anwender auf die Zeichen zugreifen wollen. Die Tausende von Zeichen in einem gut ausgebauten Unicode-Font sind freilich nicht mehr über Tastaturkürzel zu erreichen. Stattdessen bedient man sich Tools wie der Zeichenpalette, die alle verfügbaren Zeichen eines Fonts, geordnet nach den Unicode-Bereichen, anzeigen und zur Übernahme in andere Anwendungen bereitstellen.

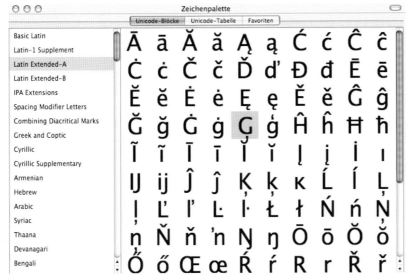

Unicode-Zeichen finden
Auch die Zeichenpalette von Mac OS X erlaubt es, den Zeichenvorrat eines Fonts nach den Unicode-Bereichen zu durchsuchen.

Das Erstellen eines Unicode-kodierten Textes gestaltet sich denkbar einfach. Viele Programme arbeiten ohnehin bereits nativ mit einer Unicode-Kodierung. Anderenfalls kann die Kodierung beim Speichern gewählt werden. Für alle auf dem lateinischen Alphabet basierenden Schriften hat sich vor allem die Kodierungsmethode UTF-8 etabliert.

1.3 Schriftformate

1.3.1 TrueType vs. PostScript – Die Entwicklung skalierbarer Fonts

"We become what we behold. We shape our tools and then our tools shape us."

Marshall McLuhan

„Wir formen unsere Werkzeuge und sie formen uns", konstatierte der kanadische Kommunikationswissenschaftler Marshall McLuhan. Unsere Schrift und unsere Zeichen werden seit Jahrtausenden von den Werkzeugen und Bedruckstoffen bestimmt, die wir einsetzen, um unsere Gedanken bildhaft oder schriftlich darzulegen. So hat jedes Schreibwerkzeug auch die Schrift und die Art zu schreiben beeinflusst. Heute können wir mit dem computerbasierten Schriftsatz auf einen beliebig großen Vorrat an Schriftsystemen und -arten zugreifen und diese einfach und schnell imitieren. Dennoch sind wir auch heute noch an unser „Schreibwerkzeug" und dessen Möglichkeiten gebunden. Zeichensätze, Schriftformate und die Anwendungsprogramme bestimmen den Rahmen, in dem der Schriftsatz am Computer möglich ist – unsere Ausgabegeräte diktieren die Qualität. Längst haben wir uns daran gewöhnt, neben den in Antiqua-Schriften gesetzten Lesetexten in Büchern und Magazinen auch die auf wenige Pixel reduzierten Schriften am Bildschirm zu entziffern und fließend zu lesen. Der Computer ändert die Art, wie wir lesen – und wie wir schreiben. Der Satz und die Vervielfältigung von Dokumenten, früher allein von der Berufsschicht der Setzer und Drucker ausgeführt, ist heute „demokratisiert" und mit jedem Personal-Computer möglich. Das Fachwissen, das nötig ist, um professionell mit Schrift zu arbeiten, ist allerdings nicht so stark verbreitet wie Rechner und Drucker. Sobald Dokumente mit anderen Rechnern ausgetauscht werden sollen oder als Vorlage für Drucksachen dienen, ist ein gewisses Maß an technischem Grundwis-

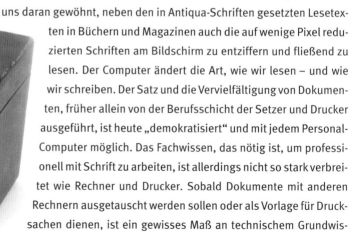

sen zu Zeichensätzen, Schriftformaten und der Art und Weise, wie Rechner damit umgehen, unabdingbar. Denn die Schriftformate sind heute so mannigfaltig wie die Probleme, die sie verursachen. Nachfolgend werden deshalb die wichtigsten Fontformate und ihre Eigenschaften und Besonderheiten vorgestellt.

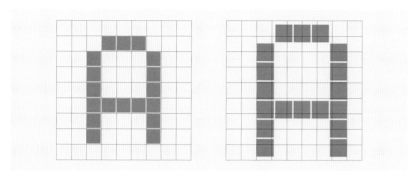

Bitmap-Fonts
Nur eine Schriftgröße (links) ist zur Anzeige am Bildschirm geeignet.

Bitmap-Fonts

Die ersten Computer konnten Schrift am Bildschirm und auf Nadeldruckern ausschließlich mit Bitmap-Fonts darstellen. Das heißt, jeder Buchstabe war aus einer Bildpunkt-Matrix zusammengesetzt und die Schrift konnte nur in einer Schriftgröße sinnvoll verwendet werden, bei der ein Bildpunkt der Schrift einem Bildpunkt des Ausgabegerätes entsprach. Bei Änderung der Schriftgröße, die kein Vielfaches der Ausgangsgröße ist, passen die Bildpunkte des Fonts nicht auf die Rasterpunkte des Bildschirms – die Schrift kann nicht oder nur stark verzerrt dargestellt werden.

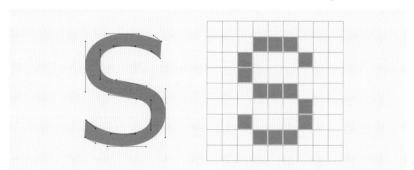

Skalierbare Fonts
Hier wird die Umrisslinie (links) erst bei Ausgabe auf dem Bildschirm in einzelne Bildpunkte (rechts) aufgerastert.

Skalierbare Fonts

In den 8oer Jahren erkannten alle namhaften Hersteller von Computern und deren Betriebssystemen, dass die Zukunft in skalierbaren Fonts liegt, die auf mathematisch definierten Umrissen *(Outlines)* basieren und erst bei der Anzeige am Bildschirm oder dem Druck in einzelne Bildpunkte aufgerastert werden. Die bekanntesten Schriftformate, die aus dieser Forderung entstanden sind, heißen TrueType und PostScript. Bei beiden Formaten werden die einzelnen Zeichen mit einer Folge von Punkten beschrieben, deren Verbindungen mittels Geraden und Kurven definiert sind. So entsteht ein geschlossener scharfkantiger Umriss, der auf jede beliebige Schriftgröße vergrößert oder verkleinert werden kann. Die Erzeugung von Graustufen oder mehrfarbigen Fonts ist mit diesen Schriftformaten allerdings nicht möglich.

TrueType

TrueType wurde ursprünglich von Apple in den späten 8oer Jahren entwickelt. Vorausgegangen waren Streitigkeiten mit dem damals noch kleinen Unternehmen Adobe. Dieses Unternehmen hatte mit PostScript bereits Mitte der 8oer Jahre einen Standard der Druckvorstufe geschaffen, der bereits skalierbare Schriften vorsah. Da Apple aber nicht bereit war, einen so wichtigen Teil seines Betriebssystems gegen Lizenzgebühren in die Kontrolle eines anderen Unternehmens zu übergeben, entschied man sich, ein eigenes Schriftformat zu entwickeln. Die dabei entstandene TrueType-Technologie bot gegenüber den PostScript-Fonts sogar Vorteile wie die damit mögliche bessere Bildschirmdarstellung. Und so sprang auch Microsoft auf diesen Zug auf und ließ sich die TrueType-Technologie von Apple lizensieren. Ironie des Schicksals ist, dass Apple dadurch nie die Lorbeeren für diese Entwicklung ernten konnte, da TrueType bis heute zumeist der Windowswelt und Microsoft zugeordnet wird.

Apple unterstützte TrueType erstmalig 1991 in Mac OS 7. Die ersten Fonts *Times Roman, Helvetica* und *Courier* zeigten auf beeindruckende Weise, was mit skalierbaren Schriftformaten möglich war. Microsoft unterstützte das TrueType-Format erstmals 1992 in Windows 3.1. In Zusammenarbeit mit Monotype entstanden die Fonts *Times New Roman, Arial* und *Courier*.

Besonders auf den Windowsrechnern führte die Einführung des TrueType-Formates zu einem regelrechten Boom. Der Windows-Markt wurde rasch mit schlecht digitalisierten, billigen Fonts überflutet, und das TrueType-Format verdankt dieser Entwicklung bis heute seinen schlechten Ruf. Mit Windows 95 wurde die True-Type-Engine von Microsoft vollständig und verlässlicher. Graustufen-Rasterung (Kantenglättung) und neue hochwertige, aber kostenlose TrueType-Schriften wurden von Microsoft veröffentlicht. Dennoch ist das TrueType-Format bis heute noch nicht vollständig rehabilitiert. Auch die gern zitierten Probleme von TrueType-Fonts beim Rastern von Druckdaten in älteren RIPs *(Raster Image Processor)* bekräftigten immer wieder die Vorbehalte gegen TrueType. Heute ist bei den üblichen PostScript-Level3-RIPs allerdings nicht mehr mit Problemen zu rechnen, da hier das Rastern der TrueType-Schriften fest in den Standard integriert ist.

PostScript Type1

Adobe veröffentlichte bereits 1985 den PostScript-Standard, eine Seitenbeschreibungssprache zur größenvariablen Druckausgabe von Dokumenten, und mit dem im gleichen Jahr erschienenen, auf PostScript basierenden Apple LaserWriter begann die Revolution des Desktop Publishing – dem Publizieren vom Schreibtisch aus. Innerhalb des PostScript-Standards etablierten sich zunächst zwei wesentliche Schriftformate: Type1- und Type3-Fonts. Für Letztere waren die Spezifikationen frei zugänglich. Allerdings war dieses Format auch nicht so hochwertig wie Type1, das erstmals eine Technik namens Hinting einsetzte, um die Schrift in kleinen Schriftgraden am Bildschirm besser lesbar zu machen. Nachdem klar wurde, dass sowohl Apple als auch Microsoft die PostScript-Technologie nicht fest in das Betriebssystem integrieren wollten, kündigte Adobe den *Adobe Type Manager* (kurz ATM) an, um Type1-Fonts zunächst auf dem Macintosh anzeigen zu können und auf Nicht-PostScript-Ausgabegeräten drucken zu können. Die PostScript Type3-Fonts gerieten auf Grund der mangelnden Unterstützung schnell in Vergessenheit. Als Adobe sich dann 1990 gezwungen sah, die Spezifikationen des Type1-Formates freizugeben und Schrifthersteller keine Tantiemen mehr an Adobe für die Erstellung von Type1-Schriften zahlen mussten, konnte sich das Schriftformat langsam durchsetzen – bis heute allerdings vornehmlich in den Bereichen des Grafikdesigns und der Druckvorstufe, deren Geräte und Software zumeist nativ mit dem PostScript-Standard arbeiten.

Technisches zu TrueType und PostScript

Die Umrisse der TrueType-Fonts basieren im Gegensatz zu den Bézierkurven der PostScript-Type1-Fonts auf sogenannten quadratischen B-Spline-Kurven. TrueType ermöglicht Schriftgestaltern prinzipiell eine präzise Kontrolle über die Bildschirmdarstellung, bis hin zu einem einzigen Pixel in einem bestimmten Schriftgrad. Aus diesem Grund basieren Systemschriften, die ausschließlich auf die gute Lesbarkeit am Bildschirm ausgelegt sind, immer auf dem TrueType-Format.

Mathematische Kurven
TrueType (links) nutzt quadratische B-Splines, eine progressive Folge von Punkten auf und außerhalb der Kurven. Die im Gegensatz dazu selbsterhaltenden PostScript-Kurven (rechts) haben Punkte auf der Kurve, mit zugehörigen Referenzpunkten außerhalb der Kurve.

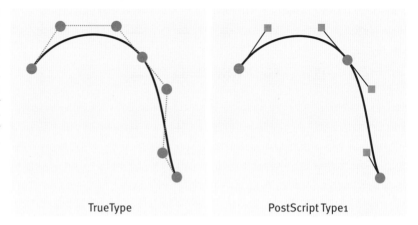

TrueType   PostScript Type1

In der Anwendung können beide Schriftformate als gleichwertig angesehen werden – aus qualitativer Sicht ist kein Format dem anderen überlegen, und aktuelle Betriebssysteme unterstützen mittlerweile auch beide Formate von Hause aus vollständig. Dennoch haben sich für beide Formate unterschiedliche Märkte etabliert. TrueType-Fonts sind Standard der Windows-Welt und, auf Grund der besseren Bildschirmdarstellung, besonders für den Office-Bereich geeignet. PostScript-Type1-Fonts glänzen dafür im Bereich des Grafikdesign und der Druckvorstufe. TrueType-Fonts können hier schnell zum Ärgernis werden, da sie im Gegensatz zu PostScript-Type1-Fonts mit einer Voreinstellung versehen sein können, die das Einbetten in Dokumente verhindert. Dies stellt zum Beispiel für Druckvorlagen, die üblicherweise als PDF mit eingebetteten Fonts versandt werden, ein Problem dar.

1.3.2 Randerscheinungen

Quickdraw GX and Apple Advanced Typography (AAT)

Innerhalb der Systemarchitektur Quickdraw GX erweiterte Apple für sein Betriebs-system schon früh die Spezifikationen für TrueType- und PostScript-Fonts um weitere Möglichkeiten. Typografische Feinheiten wie alternative Glyphen, Liga-turen und Schriftvariationen ähnlich Adobes Multiple-Master-Technologie waren in GX-fähigen Applikationen möglich. Da aber die Software-Hersteller für Apples Betriebssystem die GX-Technologie kaum unterstützten, konnten sich GX-Fonts nicht durchsetzen. Die Nachfolge tritt AAT (Apple Advanced Typography) an. Es bil-det eine Erweiterung des TrueType-Formats, die ähnliche Möglichkeiten wie die GX-Fonts und OpenType-Fonts bietet. Wie bei GX bleibt allerdings abzuwarten, ob sich dieses Format über Apples eigene Applikationen hinaus auf breiter Front durchsetzen kann.

Multiple-Master

Adobes Multiple-Master-Technologie ist angetreten, um dem Designer absolute Freiheit bei der Wahl des passenden Schriftschnittes zu geben. Die Multiple-Mas-ter-Fonts enthalten sogenannte Designachsen, entlang derer der Anwender über Schieberegler beliebige Zwischenstufen des Fonts als Instanz erzeugen und im Anwendungsprogramm einsetzen kann. Welche Parameter beeinflussbar sind, hängt von den integrierten Designachsen des Fonts ab. Typisch sind zum Beispiel Strichstärke, Breite oder optische Größe. Selbst Fonts, denen man Serifen „wach-sen" lassen kann, sind verfügbar. Allerdings kann die maximale Freiheit die Arbeit mit Multiple-Master-Fonts auch rasch unübersichtlich machen, wenn man zu viele Instanzen generiert und das Fontmenü damit überfüllt. Die Multiple-Master-Tech-nologie konnte sich deshalb kaum durchsetzen, und selbst Adobe, bislang größ-ter Entwickler von Multiple-Master-Fonts, verkauft keine neuen Fonts in dieser Technologie. Erhalten hat sich das Grundprinzip der Multiple-Master-Technlogie aber in der Schriftentwicklung. Die Gestalter von Schriftarten benutzen die Design-achsen gern zur Erstellung von Schriftfamilien – vertreiben dann aber nicht einen Multiple-Master-Font selbst, sondern eine begrenzte und sinnvolle Anzahl von Instanzen als eigenständige Fonts.

1.3.3   Das Font-Chaos zwischen PC und Mac

„Es hängt vom Menschen ab, ob er die Technologie beherrscht oder sie ihn."

John Naisbitt

Auch wenn sich die Spezifikationen der Fontformate am PC und Mac generell sehr ähneln, ist die Art und Weise, wie die Dateien auf Ebene des Betriebssystems aufgebaut sind und benutzt werden, dennoch leider recht verschieden. Das heißt, zu den zwei wichtigen Fontformaten (TrueType und PostScript Type1) existieren allein für die beiden Betriebssysteme Windows und Mac OS jeweils zwei unterschiedliche Arten, jedes Format zu verarbeiten – also schon vier Möglichkeiten, die untereinander nicht ohne weiteres austauschbar sind. Dies macht den plattformübergreifenden Dokumenten-Austausch verständlicherweise nicht gerade einfach.

Typische Fontformate unter Microsoft Windows

TrueType-Font
(z.B. meineSchrift.ttf)

PostScript-Type1-Font
meineSchrift.pfb (Printer Font Binary)
meineSchrift.pfm (Printer Font Metrics)

zusätzliche Dateien:
meineSchrift.inf (Information File)
meineSchrift.afm (Adobe Font Metrics)
meineSchrift.pfa (Printer Font ASCII)

Das TrueType-Format benötigt unter Windows lediglich eine Datei, in der alle Daten des Fonts zusammengefasst sind. Ein PostScript-Type1-Font kann aus vielen einzelnen Dateien bestehen. Unter Windows benötigt man vor allem die PFB-Datei, die die eigentlichen Umrissdaten der Buchstaben enthält, sowie die PFM-Datei, die metrische Daten wie Unterschneidungswerte enthält.

Typische Fontformate des Mac OS

TrueType-Systemfont
im Data-Fork abgelegt

TrueType-Font
im Fontkoffer

PostScript-Font
bestehend aus einen Schriftkoffer
für Bildschirmfonts (FFIL)
und dem Druckfont (LWFN)

Windows TrueType-Font

Das Apple-Betriebssystem kann Dateien in zwei Bereiche aufteilen. Der Datenzweig *(data fork)* enthält die eigentlichen Inhalte der Datei. Der andere Zweig
(resource fork) enthält weitere Informationen wie zum Beispiel, mit welchem Programm die Datei erstellt wurde und von welchem Typ sie ist. Die Daten einer Font-
datei werden allerdings wider Erwarten komplett in den Resource-Fork geschrieben. Dies hat zur Folge, dass sich immer wieder Benutzer anderer Betriebssysteme wundern, dass Fontdateien vom Mac OS als leere Null-Kilobyte-Dateien bei
ihnen ankommen. Dies liegt darin begründet, dass Betriebssysteme wie Windows
lediglich den Datenzweig der Mac-Dateien lesen können und den Rest verwerfen.
Die aktuellen Systemfonts des Mac-OS-Betriebssystems sind nun allerdings im
Datenzweig abgelegt, daher der Name *dfont*.

Eine weitere Eigenheit des Mac-OS-Betriebssystems sind Fontkoffer *(suitcases)*.
Wie der Name vermuten lässt, ist dies eine Art Behälter, der verschiedene Arten
und Mengen von Fontdaten enthalten kann. Ein Fontkoffer kann entweder Bildschirm-Fonts einer PostScript-Schrift, TrueType-Fonts oder beide Arten zusammen
enthalten. Die Bildschirm-Fonts werden zwar im aktuellen Mac OS nicht mehr
verwendet, eine PostScript-Schrift benötigt aber immer noch Drucker- und Bildschirm-Fonts, um installiert und benutzt werden zu können.

Um Fonts zwischen den Betriebssystemen austauschen zu können, müssen sie in der Regel konvertiert werden, da die Dateien, wie oben beschrieben, unterschiedlich aufgebaut sind. Bei einem solchen Konvertieren kann aber nie garantiert werden, dass der Font sich danach auf beiden Plattformen völlig identisch verhält. Während die reine Plattform-Konvertierung meist noch relativ unproblematisch möglich ist, wird eine Konvertierung zwischen den Fontformaten (PostScript zu TrueType und umgekehrt) immer fehlerbehaftet sein, da die beiden Formate sehr unterschiedliche Spezifiktionen besitzen.

Schon Mitte der 90er Jahre wurde klar, dass der Kampf zwischen TrueType und PostScript Type1 unentschieden ausgehen würde. Es war deshalb nicht zu erwarten, dass eines der beiden Formate wieder verschwinden würde. Die Probleme der mangelnden Plattformkompatibilität ließ auch die federführenden Unternehmen in diesem Bereich (Apple, Microsoft, Adobe) erkennen, dass die bisherigen Lösungen noch nicht der Weisheit letzter Schluss sein können. Hinzu kamen neue Standards wie Unicode, die zum Beispiel von den bestehenden Spezifikationen von PostScript Type1 nicht unterstützt werden. Apple setzte deshalb auf sein neues GX-Format (heute AAT). Microsoft und Adobe dagegen arbeiteten an einem neuen Format, das den ewigen Fontproblemen endlich einen Riegel vorschieben sollte und auf den folgenden Seiten vorgestellt wird.

1.3.4 OpenType – Das Schriftformat der Zukunft

OpenType ist ein neues Fontformat, das gemeinsam von Microsoft und Adobe entwickelt wurde. Auf den ersten Blick bietet OpenType scheinbar keine revolutionären Neuerungen. Die Beschreibung der Zeichenumrisse basiert auf den bekannten Technologien der TrueType- und PostScript-Fonts. Die neuen typografischen Möglichkeiten hatten in ähnlicher Form schon Apples GX-Fonts. Dennoch schickt sich OpenType an, der dominierende Font-Standard zu werden. Und dies nicht ohne Grund.

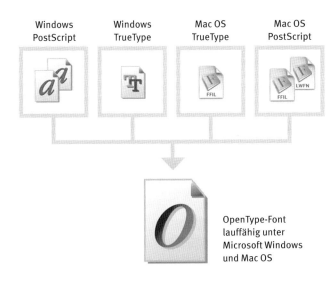

Windows PostScript · Windows TrueType · Mac OS TrueType · Mac OS PostScript

OpenType-Font lauffähig unter Microsoft Windows und Mac OS

OpenType
Das OpenType-Format ist eine Zusammenführung der bestehenden Formate TrueType und PostScript Type1 zu einem plattformübergreifenden Standard.

Plattformunabhängigkeit

OpenType ist das erste Fontformat, das sich tatsächlich plattformübergreifend einsetzen lässt. Ein OpenType-Font besteht aus nur einer Datei, die unter Windows, Mac OS und zunehmend auch unter Linux in identischer Form funktioniert. Die ewigen Schriftprobleme beim Dokumentenaustausch gehören bei der Anwendung von OpenType-Fonts damit der Vergangenheit an.

Erweiterter Zeichensatz

OpenType basiert auf Unicode, das heißt, die Beschränkung auf die üblichen 256 Zeichen entfällt. Stattdessen kann ein OpenType-Font nun über 65 000 Zeichen jeglicher Art enthalten. Die ehemals nötige Aufsplittung von Schriften in eigene Fonts für verschiedene Sprachen, für Kapitälchen- und Expert-Schnitte ist damit hinfällig. Alle diese Zeichen sind nun in einer OpenType-Schrift zusammenfassbar und bequem im Anwendungsprogramm zu setzen. Viele Anwender arbeiten wahrscheinlich auch längst mit OpenType-Fonts, ohne es bemerkt zu haben. Das Office-Paket von Microsoft installiert zum Beispiel die Schrift *Arial Unicode MS,* die über 50 000 Zeichen verfügt. Ein weiterer Vorteil von OpenType-Fonts ist, dass diese kontextsensitiv arbeiten, das heißt, sie können vom Schrifthersteller mit einer gewissen „Intelligenz" versehen werden, um Zeichenfolgen entsprechend ihrer Anwendung zu bearbeiten. Neben typografischen Feinheiten wie automatischen Ligaturen ermöglicht dies auch Sprachen abzubilden, die von rechts nach links laufen oder bei denen sich die Buchstabenformen entsprechend ihrer Stellung im Wort ändern.

Zugriff auf OpenType-Zeichen
Die Glyphen-Palette von Adobe InDesign bietet einen einfachen Zugriff auf alle Zeichen des Fonts. Die Funktion „Alternativen für die Auswahl" schlägt dem Benutzer selbstständig korrespondierende Glyphen des gewählten Zeichen vor.

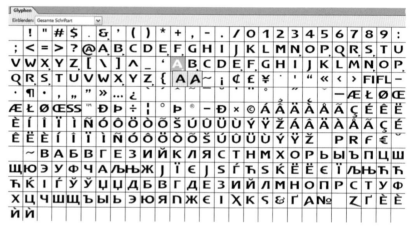

Erweiterte typografische Möglichkeiten

Ein OpenType-Font kann nun Mediäval-Zahlen, Kapitälchen, Brüche, Zierbuchstaben, hoch- und tiefgestellte Zeichen, kontextabhängige und stilistische Alternativen sowie die volle Bandbreite der Ligaturen enthalten und diese auf sehr einfache Weise ohne jeglichen Wechsel des Fonts aktivieren. Die meisten der Funktionen wie beispielsweise der Wechsel zu Kapitälchen oder das Umschalten zwischen den Ziffernsets sind menügesteuert zu erreichen.

Beispiele erweiterter typografischer Fähigkeiten eines OpenType-Fonts

proportionale Versalziffern	1234567890
proportionale Mediävalziffern	1234567890
tabellarische Versalziffern	1234567890
tabellarische Mediävalziffern	1234567890
hoch- und tiefgestellt	1234567890 1234567890
Schwungbuchstaben	ABCDEFGHIKLM
verschiedene Schriftsysteme in einem Font	abcdef абвгдеж αβγδεζ
Standard-Ligaturen	fi fl ff ffi ffl fj ffj Th
bedingte Ligaturen	ct st
Kapitälchen	AaBbCcDdEeFfGg
echte Bruchziffern	½ ¼ ¾ ⅛
Ornamente	

Technisches zu OpenType

OpenType ist formal gesehen nichts weiter als ein Container, der eines der bestehenden Schriftformate TrueType und PostScript Type1 in sich enthält. Man muss deshalb, trotz des Sammelbegriffes OpenType, zwei Arten unterscheiden. Ein auf TrueType-Kurven basierender OpenType-Font hat den Suffix *TTF*, die PostScript-Variante im so genannten CFF-Format dagegen endet auf *OTF*.

Die aktuellen Betriebssysteme von Windows und Mac OS unterstützen OpenType-Fonts von Haus aus. Ältere Betriebssysteme können durch Verwendung des *Adobe Type Managers* OpenType-fähig gemacht werden. Die Tatsache, dass OpenType auf die bestehenden Fontformate TrueType und PostScript Type1 aufsetzt, macht OpenType in der Anwendung besonders unproblematisch. Auch ältere Anwendungen, die eigentlich nicht OpenType-fähig sind, können so immerhin den Font als herkömmlichen 8-Bit-Font interpretieren, das heißt, die ersten 256 Positionen des Fonts können benutzt werden, die darüber hinaus gehenden Zeichen nicht. Dies ist die grundlegende OpenType-Unterstützung, die fast alle Anwendungen bieten. Eine weitere Stufe der OpenType-Unterstützung ist die Mehrsprachigkeit. Unicode-fähige Anwendungen wie Microsoft Word oder CorelDRAW können in den aktuellen Versionen mehrsprachige Texte in lateinischen und anderen Sprachen (griechisch, kyrillisch, japanisch und so weiter) darstellen. Auf die typografischen Merkmale wie Ligaturen, Kapitälchen und Alternativbuchstaben können sie allerdings (noch) nicht zugreifen. Dies ist den Anwendungen vorbehalten, die volle OpenType-Unterstützung bieten. Im Moment sind dies vor allem die Adobe-Programme InDesign, Photoshop und Illustrator. Man kann aber davon ausgehen, dass auch die meisten anderen Software-Hersteller zukünftige Programmversionen ebenfalls um Unicode- und OpenType-Unterstützung erweitern werden, so dass sich OpenType mittelfristig als dominierender Fontstandard etablieren wird.

Alle namhaften Hersteller von Fonts haben mittlerweile ihre bestehenden Schriften auf OpenType umgestellt. Neue Fonts werden sicher zunehmend auch nur noch im OpenType-Format angeboten werden. Da OpenType-Fonts intern mit der TrueType- oder der PostScript-Technologie arbeiten, gilt auch weiterhin die Faustregel, dass jene, die eher bildschirmorientiert im Office-Bereich arbeiten, auf OpenType-Fonts auf TrueType-Basis setzen sollten, während Grafikdesigner und Druckvorlagenhersteller sicher die auf PostScript basierenden OpenType-Fonts wählen – sofern der Hersteller hier überhaupt eine Wahlmöglichkeit anbietet.

! " # $ % & ' ( ) * + , - . / 0 1 2 3 4 5 6 7 8 9 : ; < = > ? @ A B C D
E F G H I J K L M N O P Q R S T U V W X Y Z [\ ] ^ _ ' a b c d e
f g h i j k l m n o p q r s t u v w x y z { | } ~ ¡ ¢ £ / ¥ ƒ § ¤ ' " « ‹
fi fl — † ‡ · ¶ • , „ " » … ‰ ¿ ^ ^ ˘ ˙ ˝ " ˇ — Æ ª Ł ø Ø Œ º
æ ı ł ø œ ß ¹ ¬ µ ™ Ð ½ ± Þ ¼ ÷ ¦ ° þ ¾ ² ® - × ð ³ © Á Â Ä À Å Ã Ç
É Ê Ë È Í Î Ï Ì Ñ Ó Ô Ö Ò Õ Š Ú Û Ü Ù Ý Ÿ Ž á â ä à å ã ç é ê ë è í
î ï ì ñ ó ô ö ò õ š ú û ü ù ý ž ! " $ $ & ' ( ) .. . 0 1 2 3 4 5 6 7 8 9 ' —
. ? a b c d e i l m n o r s t ff ffi ffl ( ) ^ ‚ ` A B C D E F G H I J K L M N O P Q
R S T U V W X Y Z ₵ Rp ¡ ¢ Ł Š Ž ¨ ˘ ˙ ˝ ¯ - ˘ - . ‚ ¸ ˛ ¿ ⅛ ⅜ ⅝ ⅞ ⅓ ⅔ ⁰ ⁴ ⁵
⁶ ⁷ ⁸ ⁹ ₀ ₁ ₂ ₃ ₄ ₅ ₆ ₇ ₈ ₉ ¢ $. , À Á Â Ã Ä Å Æ Ç È É Ê Ë Ì Í Î Ï Ð Ñ Ò Ó Ô Õ
Ö Œ Ø Ù Ú Û Ü Ý Þ Ÿ Ā Ă Ą Ć Č Ď Đ Ě Ė Ē Ę Ğ Ģ Į Ķ Ĺ Ľ Ļ Ń Ň Ņ Ő
Ō Ŕ Ř Ŗ Ś Ş Ş Ť Ţ Ţ Ű Ū Ų Ů Ź Ż İ ă ā ą ć č ď đ ė ē ę ğ ģ į ķ ĺ ľ ļ ń ň
ņ ő ō ŕ ř ŗ ś ş ş ţ ţ ű ū ų ů ź ż Δ Ω π Ŧ £ ₽ € ℓ ℮ ∂ ∏ ∑ √ ∞ ∫ ≈ ≠ ≤ ≥ ◊
ʰ ø 0 1 2 3 4 5 6 7 8 9 % ‰ 0 1 2 3 4 5 6 7 8
9 ₵ € ƒ # £ ¥ $ ¢ 0 1 2 3 4 5 6 7 8 9 , . ¢ $ - ( ) 0 1 2 3 4 5 6 7 8 9 , . ¢ $ - (
) Ā Ă Ą Ć Č Ď Đ Ě Ė Ē Ę Ğ Ģ Į Ķ Ĺ Ľ Ļ Ń Ň Ņ Ő Ō Ŕ Ř Ŗ Ś Ş Ş Ť Ţ Ű Ū Ų Ů Ź Ż
ı ( ) [ ] { } ¡ ¿ « » ‹ › - – — · @ c t f j f f j T h a e n r t z Q ☞ ☜ ♣
! " $ % & ' ( ) * , . 1 2 3 4 5 6 7 8 9 ; ? A B C D E F G H I J K L M N
O P Q R S T U V W X Y Z [ ] ' { } ¡ ¢ £ ¥ ' " « ‹ › • , „ " » … ¿
Æ ª Ł Ø Œ º ¹ µ ¨ Ð Þ ² ® ³ © Á Â Ä À Å Ã Ç É Ê Ë È Í
Î Ï Ì Ñ Ó Ô Ö Ò Õ Š Ú Û Ü Ù Ý Ž Ā Ă Ą Ć Č Ď Đ Ě Ė Ē Ę Ğ Ģ Į Ķ
Ĺ Ń Ň Ņ Ö Ō Ŕ Ř Ŗ Ś Ş Ş Ť Ţ Ű Ū Ų Ů Ź Ż İ ∈ Ĺ ⊾ Ľ : Q € ` Ţ h Ť h
*! " # $ % & ' ( ) * + , - . / 0 1 2 3 4 5 6 7 8 9 : ; < = > ? @ A B C D E F*
G H I J K L M N O P Q R S T U V W X Y Z [\ ] ^ _ ' a b c d e f g h i j k
l m n o p q r s t u v w x y z { | } ~ ¡ ¢ £ / ¥ ƒ § ¤ ' " « ‹ › fi fl - † ‡ · ¶ • ,
„ " » … ‰ ¿ ^ ^ ˘ ˙ ˝ " ˇ — Æ Ł ª Ø Œ º æ ı ł œ ß ¹ ¬ µ ™ Ð
½ ± Þ ¼ ÷ ¦ ° þ ¾ ² ® - × ð ³ © Á Â Ä À Å Ã Ç É Ê Ë È Í Î Ï Ì Ñ Ó Ô Ö
Ò Š Ú Û Ü Ù Ý Ÿ Ž á â ä à å ã ç é ê ë è í î ï ì ñ ó ô ö ò õ š ú û ü ù ý ž ! "
$ $ & ' ( ) .. . 0 1 2 3 4 5 6 7 8 9 ' — . ? a b c d e i l m n o r s t ff ffi ffl ( )
` A B C D E F G H I J K L M N O P Q R S T U V W X Y Z ₵ Rp ¡ ¢
Ł Š Ž ¨ ˘ ˙ ˝ ¯ - ˘ - . ° ¸ ˛ ¿ ⅛ ⅜ ⅝ ⅞ ⅓ ⅔ ⁰ ⁴ ⁵ ⁶ ⁷ ⁸ ⁹ ₀ ₁ ₂ ₃ ₄ ₅ ₆ ₇ ₈ ₉
¢ $. À Á Â Ã Ä Å Æ Ç È É Ê Ë Ì Í Î Ï Ð Ñ Ò Ó Ô Õ Ö Œ Ø Ù Ú Û
Ü Ý Þ Ÿ Ā Ă Ą Ć Č Ď Đ Ě Ė Ē Ę Ğ Ģ Į Ķ Ĺ Ľ Ļ Ń Ň Ņ Ő Ō Ŕ Ř Ŗ Ś
Ş Ş Ť Ţ Ű Ū Ų Ů Ź Ż İ ă ā ą ć č ď đ ė ē ę ğ ģ į ķ ĺ ľ ļ ń ň ņ ő ō ŕ ř
ŗ ş ş ţ ţ ű ū ų ů ź ż Δ Ω π Ŧ £ ₽ € ℓ ℮ ∂ ∏ ∑ √ ∞ ∫ ≈ ≠ ≤ ≥ ◊
ʰ ø 0 1 2 3 4 5 6 7 8 9 % ‰ 0 1 2 3 4 5 6 7 8 9 ₵ €
ƒ # £ ¥ $ ¢ 0 1 2 3 4 5 6 7 8 9 , . ¢ $ - ( ) 0 1 2 3 4 5 6 7 8 9 , . ¢ $ - ( ) Ā Ă
Ą Ć Č Ď Đ Ě Ė Ē Ę Ğ Ģ Į Ķ Ĺ Ľ Ļ Ń Ň Ņ Ö Ō Ŕ Ř Ŗ Ś Ş Ş Ť Ţ Ű Ū Ų Ů
Ź Ż İ ( ) [ ] { } ¡ ¿ « » ‹ › - – — · @ c t f j f f j T h a e n r t z Q ☞ ☜ ♣
*! " $ % & ' ( ) * , . 1 2 3 4 5 6 7 8 9 ; ? A B C D E F G H I J K L M N*
O P Q R S T U V W X Y Z [ ] ' { } ¡ ¢ £ ¥ ' " « ‹ › • , „ " » … ¿
Æ ª Ł Ø Œ º ¹ µ ™ Ð Þ ² ® ³ © Á Â Ä À Å Ã Ç É Ê Ë È Í
Î Ï Ì Ñ Ó Ô Ö Ò Õ Š Ú Û Ü Ù Ý Ž Ā Ă Ą Ć Č Ď Đ Ě Ė Ē Ę Ğ Ģ Į Ķ
Ĺ Ń Ň Ņ Ö Ō Ŕ Ř Ŗ Ś Ş Ş Ť Ţ Ű Ū Ų Ů Ź Ż İ ∈ Ĺ ⊾ Ľ : Ř € w Ţ h Ť h

Neben den Systemfonts wie *Arial Unicode MS* und *Lucida Grande* verfügen auch immer mehr Fonts für das Desktop Publishing über einen umfangreichen Zeichenausbau (hier *Adobe Garamond Pro*) und eignen sich somit auch hervorragend für komplexere Gestaltungsaufgaben.

1.4 Tastatur und Zeicheneingabe

1.4.1 Die Entstehung der Computertastatur

„Wenn du zwei Tasten auf der Schreibmaschine gleichzeitig antippst, tippt die, die du nicht willst."

Murphys Gesetz

Unseren heutigen Computer-Tastatur sehen wir ihren Ursprung in der Schreibmaschine noch gut an. Man könnte auch spöttisch sagen: Viel hat sich nicht verändert. Zwar sind einige Funktions- und Steuertasten hinzugekommen, die Anordnung der alphanumerischen Zeichen ist aber seit mehr als hundert Jahren fast unverändert. Die 1874 vorgestellte Schreibmaschine des amerikanischen Unternehmens *Remington & Sons* basierte bereits auf dem bis heute verwendeten QWERTY-Layout, dessen Name sich von den ersten sechs Zeichen der obersten Alphabetreihe dieser Schreibmaschine ableitet. Man mag sich fragen, wie es zu dieser scheinbar chaotischen Zeichenanordnung gekommen ist. Die ersten Prototypen des

Erfinders Christopher Sholes arbeiteten zunächst mit einer dem Alphabet nach geordneten Tastatur. Diese Maschinen stellten sich aber als äußerst störanfällig heraus, da sich die Typenhebel, die beim Anschlagen des Buchstabens gegen die Seite schnellten, beim Schreiben immer wieder ineinander verhakten, besonders dann, wenn sie eng nebeneinander lagen. Sholes konnte dieses Problem verringern und die Schreibgeschwindkeit beträchtlich erhöhen, indem er die Tastenpositionen so veränderte, dass typische Buchstabenkombinationen der englischen Sprache möglichst weit auseinander lagen. Das Ergebnis ist die QWERTY-Tastatur, die auch heute noch in Anwendung ist, obgleich Computertastaturen längst keine Typenhebel mehr benötigen. Im Jahr 1878 wurden das neue Modell *Remington No. 2* dann auch schon um die bis heute gebräuchliche Shift-Taste erweitert, die den Wechsel zwischen Groß- und Kleinschreibung ermöglichte. Trotz einiger Versuche, andere Tastenbelegungen zu etablieren, setzte sich die QWERTY-Tastatur in Sprachen mit dem lateinischen Alphabet meist durch – teils mit sprachbedingten Abwandlungen. So unterscheidet sich die deutsche Belegung bekanntlich durch die vertauschten Buchstabenpositionen „Z" und „Y" von der QWERTY-Tastatur.

Antikes Monstrum
Eine der ersten Schreibmaschinen von Sholes & Glidden

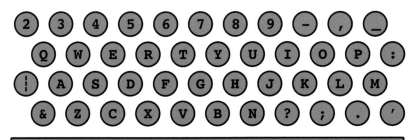

QWERTY
Die von Sholes erdachte Tastenbelegung wurde 1878 als Patent angemeldet und rasch zum weltweiten Standard.

Dass die Möglichkeiten beschränkt sind, mit einer Schreibmaschine einen typografisch ansprechenden Schriftsatz zu erstellen, ist offensichtlich. Dies liegt nicht nur in der Eigenschaft der Schreibmaschine begründet, dass jedes Zeichen gleich breit ist, sondern auch in dem viel zu beschränkten Zeichensatz. Auch als der Computer langsam die Schreibmaschine verdrängte, änderte sich daran wenig. Denn die Computer waren zunächst ihrer Bezeichnung gemäß „Rechner", die Zahlen und Daten verarbeiten und auf Lochkarten, elektrischen Schreibmaschinen und Nadeldruckern ausgeben. Der mit der Verbreitung des Computers immer wichtiger werdende ASCII-Zeichensatz trug diesem Einsatz Rechnung. An typografische Zeichen wie verschiedene Formen von Anführungszeichen war deshalb noch nicht zu denken.

"Error, keyboard not found — press F1 to continue"

Computer-Fehlermeldung

Computer-Tastaturen

Entsprechend der benutzten Zeichensätze entwickelten sich auch die Tastaturen weiter. Während die meisten Geräte dieser Zeit noch integrierte Tastaturen hatten, entschied sich IBM, diese für ihre PCs als anschließbares Eingabegerät auszulagern. Dies wurde ebenso schnell zum Standard wie das von IBM gewählte Tastaturlayout, bestehend aus 83 Tasten. Die Aufteilung der Computer-Tastaturen unterschied sich zunächst nicht wesentlich von den Tastaturen der Fernschreiber und der elektrischen Schreibmaschinen – alle Tasten, einschließlich der Steuer- und Cursor-Tasten, waren zu einem recht unübersichtlichen Block zusammengefasst. Mit der von IBM später auf 102 Tasten erweiterten Tastatur kristallisierte sich aber schon in den 80er Jahren das bis heute übliche Tastaturlayout mit seinen funktional getrennten Bereichen heraus.

IBM PC, 1981
für die Bedienung der 83 Tasten
der IBM-Tastatur benötigte man
geschickte Finger

PC-Tastatur
Die Belegung mit 104 Tasten ist
der Standard der PC-Tastaturen.

Mit den neueren Windowstasten, einer Kontextmenü-Taste und Tasten für Sleep, Wake Up und Power kommt eine PC-Tastatur heute meist auf bis zu 108 Tasten – zusätzliche Multimedia-Tasten zur Bedienung des CD-Players oder zum Öffnen von Browser, E-Mail-Programm und so weiter nicht eingerechnet.

Auch die Tastaturen der Apple-Rechner benutzen heute ein im Wesentlichen identisches Layout, auch wenn sich einige Steuerungstasten in Position und Funktion unterscheiden.

Obgleich die Positionen der Tasten heute weitgehend standardisiert sind, existieren für die Belegung der Tasten verständlicherweise sprachbezogene Unterschiede. Die auf dem lateinischen Alphabet beruhenden Sprachen verwenden Belegungen ähnlich der QWERTY-Tastatur, die aber eigene Tasten für Akzente, Umlaute, Währungszeichen besitzen. Im deutschsprachigen Raum teilen sich Deutschland und Österreich eine Belegung, während man in der Schweiz wahlweise eine deutsche oder französische Belegung verwendet. Andere Schriftsysteme wie Kyrillisch, Griechisch oder jene der asiatischen Sprachen nutzen eigene Tastaturbelegungen, die mit dem uns vertrauten Layout wenig gemein haben.

Mac-Tastatur
Mac-Tastaturen unterscheiden sich im Wesentlichen nur in einigen Steuerungstasten von der PC-Tastatur.

Keyboard-Layout
Das Tastaturlayout unter Windows und Mac OS X kann auf einfache Weise auf eine andere Sprache umgestellt werden (links PC, rechts Mac). Die heutigen Unicode-fähigen Systemfonts können ohnehin sehr viele Schriftsysteme abbilden, sodass nach einem Wechsel des Keyboard-Layouts meist direkt in einer anderen Sprache geschrieben werden kann.

Steuerungstasten

Viele Computer-Anwender nutzen die Möglichkeiten der Tastatur nicht in vollem Umfang aus, da die Bedeutung und der Einsatz aller Steuerungstasten nicht immer klar ist. So kann zum Beispiel das Navigieren und Markieren innerhalb von Textdokumenten in der Regel wesentlich schneller und präziser über die Tastatur erfolgen als über die meist verwendete Computer-Maus. Die Tabellen auf den folgenden Seiten zeigen deshalb eine Übersicht aller Steuerungstasten am PC und Mac und deren Funktion.

Steuerungstasten für PCs mit Microsoft Windows

Taste	Name	Typische Funktionen
Esc	Esc	Aktion Abbrechen oder Modus verlassen
⬜	Space auch Leertaste	Fügt ein Leerzeichen ein
↵	Enter/Return	Aktion ausführen Zeilenumbruch
⊞	Windows	Öffnen des Startmenüs Windows + E öffnet den Windows Explorer Windows + M mimimiert alle Fenster und zeigt den Desktop
⇧	Shift-Taste auch Hochstell- oder Umschalt- taste	Wechsel auf die 2. Tastaturebene, in der Regel, um zwischen Groß- und Kleinschreibung zu wechseln oder um die oben auf der Taste abgebildeten Zeichen einzugeben
⇩	Caps Lock auch Feststell- taste	Schaltet die Funktion der Shift-Taste dauerhaft an
⇄	Tabulator	Fügt in Texten einen Tabulator ein Innerhalb von Eingabefenstern springt man mit der Tabulator- taste zum nächsten Auswahlfeld
Strg	Strg englisch Ctrl	Strg steht für „Steuerung" (nicht wie oft angenommen „String") Diese Steuerungstaste erzeugt in Kombination mit anderen Tas- ten programmspezifische Kommandos wie zum Beispiel Kopieren (Strg + C), letzte Aktion rückgängig machen (Strg + Z) etc.
Alt	Alt	Alt steht für „alternativ" Die Alt-Taste erzeugt in Kombination mit anderen Tasten betriebs- systemspezifische Kommandos wie zum Beispiel den Wechsel zwischen laufenden Anwendungen (Alt + Tabulator) oder das Schließen des aktiven Programms (Alt + F4)
AltGr	Alt Gr	Alt Gr steht für „Alternate Graphics Key" Die Alt-Gr-Taste ermöglicht den Zugriff auf die rechts unten auf den Tasten aufgedruckten Zeichen wie zum Beispiel das Euro-Zei- chen (Alt Gr + E) oder das @-Zeichen (Alt Gr + Q)

Steuerungstasten für PCs mit Microsoft Windows

Taste	Name	Typische Funktionen
[←]	Rückschritt englisch Backspace	Löscht das Zeichen vor der Einfügemarke
[Entf]	Entf	Löscht das aktive Element oder in Texten das Zeichen nach der Einfügemarke
[Einfg]	Einfg	Schaltet zwischen den Modi „Einfügen" und „Überschreiben" um
[Pos 1]	Pos1 englisch home	Bewegt die Einfügemarke an den Anfang des Textes bzw. der Zeile
[Ende]	Ende englisch end	Bewegt die Einfügemarke an das Ende des Textes bzw. der Zeile
[Bild ↑]	Bild nach oben englisch page up	Bewegung seiten- bzw. bildschirmweise nach oben
[Bild ↓]	Bild nach unten englisch page down	Bewegung seiten- bzw. bildschirmweise nach oben
[Num ⇩]	Num Lock	Schaltet den Ziffernblock zwischen „Zifferneingabe" und „Bewegen der Einfügemarke um"
[Druck]	Print Screen	Macht ein Bildschirmfoto und kopiert es in die Zwischenablage. Bei Alt + Print Screen wird nur das aktive Fenster fotografiert
[Rollen ⇩]	Scroll Lock	Veraltet, meist ohne Funktion
[Pause]	Pause/Break	Veraltet, wurde zum Anhalten von Programmen verwendet
[←]	links	Bewegt die Einfüge- oder Auswahlmarke nach links
[→]	rechts	Bewegt die Einfüge- oder Auswahlmarke nach rechts
[↑]	oben	Bewegt die Einfüge- oder Auswahlmarke nach oben
[↓]	unten	Bewegt die Einfüge- oder Auswahlmarke nach unten

Steuerungstasten für Apple-Macintosh-Tastaturen

Icon	Name	Typische Funktionen
esc	Esc	Abbrechen oder Verlassen
	Leertaste	Fügt ein Leerzeichen ein
↵	Zeilenschalter	Aktion ausführen Zeilenumbruch
⌘	Befehlstaste auch Apfel-Taste	Diese Taste erzeugt in Kombination mit anderen Tasten programmspezifische Kommandos wie zum Beispiel Kopieren (Apfel + C), letzte Aktion rückgänging machen (Apfel + Z) etc.
⇧	Umschalttaste	Wechsel auf die 2. Tastaturebene, in der Regel, um zwischen Groß- und Kleinschreibung zu wechseln oder um die oben auf der Taste abgebildeten Zeichen einzugeben
⇧	Feststelltaste	Schaltet die Funktion der Shift-Taste dauerhaft an
→|	Tabulator	Fügt in Texten einen Tabulator ein Innerhalb von Eingabefenstern springt man mit der Tabulatortaste zum nächsten Auswahlfeld
ctrl	Ctrl-Taste	Ctrl steht für „Control" In der Regel zum Öffnen des Kontextmenüs
alt	Wahltaste auch Alt-Taste	Die Wahl-Taste dient in Kombination mit anderen Tasten hauptsächlich zur Eingabe von Sonderzeichen
←	Rückschritt	Löscht das Zeichen vor der Einfügemarke
Einfg Hilfe	Hilfe	Öffnet die Hilfe
Entf ⌫	Entf	Löscht das aktive Element oder in Texten das Zeichen nach der Einfügemarke
↖	Anfang	Bewegt die Einfügemarke an den Anfang des Texte bzw. der Zeile
↘	Ende	Bewegt die Einfügemarke an das Ende des Textes bzw. der Zeile

Steuerungstasten für Apple-Macintosh-Tastaturen

Icon	Name	Typische Funktionen
⇞	Seite auf	Bewegung seiten- bzw. bildschirmweise nach oben
⇟	Seite ab	Bewegung seiten- bzw. bildschirmweise nach oben
⏏	Laufwerk auf/zu	Öffnet oder schließt das Laufwerk
←	links	Bewegt die Einfüge- oder Auswahlmarke nach links
→	rechts	Bewegt die Einfüge- oder Auswahlmarke nach rechts
↑	oben	Bewegt die Einfüge- oder Auswahlmarke nach oben
↓	unten	Bewegt die Einfüge- oder Auswahlmarke nach unten

Da die alphanumerischen Tasten bei PC- und Apple-Rechnern nahezu gleich belegt sind, gelingt der Wechsel zwischen beiden Tastaturen in der Regel problemlos. Bei den Steuerungstasten ist lediglich zu beachten, dass Ähnliches nicht zwangsläufig auch Gleiches bewirkt. So entspricht die Apple-Taste in ihrer Funktion nicht der Windowstaste, und auch die Strg-Taste des PCs ist nicht einfach die deutsche Beschriftung analog zur Ctrl-Taste am Macintosh.

Tastatur-Entsprechungen zwischen Mac und PC

⌘	Strg
Befehls- oder Apfel-Taste	Steuerungstaste
ctrl	
Ctrl-Taste	Entspricht Klick mit der rechten Maustaste

1.4.2 Sonderzeichen eingeben

Auch mit den heute üblichen circa 104 Tasten ist es immer noch unmöglich, den gesamten Zeichenvorrat einer Schrift allein durch die alphanumerischen Tasten zu erreichen, auch nicht unter Zuhilfenahme der Shift-Taste. Denn unsere Tastaturbelegung beruht im Wesentlichen immer noch auf den Zeichen des englischen ASCII-Kodes und wurde lediglich um die jeweils wichtigsten Zeichen außerhalb des ASCII-Bereiches erweitert – zum Beispiel um die Umlaute und das Eszett in Deutschland und Österreich. Für anspruchsvollen Schriftsatz sind aber viele weitere typografische Zeichen nötig, denen keine eigene Taste gewidmet wurde.

Sonderzeichen
Nur eine kleine Auswahl von Zeichen, die auf unseren Tastaturen keine direkte Entsprechung besitzen.

Anführungszeichen	Apostroph	echte Brüche	Auslassung
„ " » «	'	¼ ½ ¾	…

Um diese Zeichen erreichen zu können, verfügen die Betriebssysteme über Tastenkombinationen *(Shortcuts)*. Mit ihnen lässt sich zumindest der Bereich der ersten 256 Zeichen eines Fonts weitestgehend abdecken. PC und Mac benutzen dabei allerdings zwei unterschiedliche Modelle.

Sonderzeichen am PC

Am PC lassen sich die 256 Zeichen des Windows-Zeichensatzes direkt mit dem Wert ihrer Dezimalkodierung ansprechen und in das aktuelle Dokument einfügen. Man drückt dazu die Alt-Taste und gibt den dreistelligen Kode des Zeichens mit einer führenden Null am Ziffernblock der Tastatur ein. Nach dem Loslassen der Alt-Taste erscheint das Zeichen.

Beispiel: ⌨ alt + ⌨ 0 ⌨ 1 ⌨ 6 ⌨ 9 erzeugt das Copyright-Zeichen ©

Alt-Kodes
Der Nummernblock am PC kann wahlweise zur Eingabe von Steuerzeichen oder Ziffern verwendet werden – Letzteres wird zur Eingabe der Alt-Kodes benötigt. Die Umschaltung zwischen diesen beiden Modi erfolgt über die Num-Lock-Taste.

Der Vorteil dieses Systems liegt in seiner Einheitlichkeit. Der direkte Zugriff über den Kode des Zeichens ist am PC in allen Betriebssystem-Versionen und unabhängig von der verwendeten Tastatur möglich. Der Nachteil liegt freilich darin begründet, dass sich die vielen dreistelligen Kodes unmöglich alle auswendig lernen lassen. An häufig zu benutzende Zeichen wie Anführungszeichen, Gedankenstrich, Auslassungspunkte und so weiter kann man sich aber schnell gewöhnen.

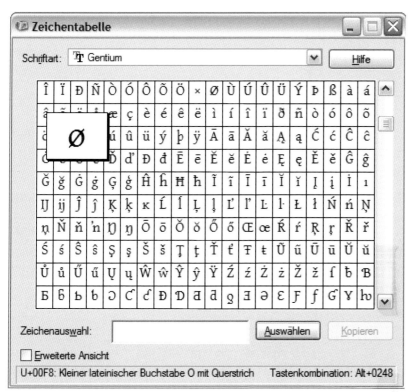

Ein sehr nützliches Hilfsmittel zur Eingabe der Sonderzeichen versteckt sich bei Microsoft Windows im Zubehör-Ordner. Mit dem Programm *Zeichentabelle* lässt sich der gesamte Zeichenvorrat einer Schrift bequem durchsuchen. Zu einem angewählten Zeichen wird jeweils der Name und gegebenfalls die Tastenkombi-nation angezeigt. Ein oder mehrere Zeichen können dann in die Zwischenablage gelegt werden und in anderen Programmen in den gerade zu bearbeitenden Text eingefügt werden. In der erweiterten Ansicht lässt sich der Font auch geordnet nach den enthaltenen Unicode-Bereichen anzeigen. So kann man auch in großen OpenType-Fonts mit tausenden Zeichen bequem ein bestimmtes finden.

Zeichenbelegung
Das standardmäßig im Mac OS
intergrierte Programm „Tastatur" zeigt die Tastenbelegung.

Sonderzeichen am Mac

Für die Eingabe der Sonderzeichen am Mac werden die Umschalt- und die Wahl-
taste einzeln oder in Kombination verwendet.

Beispiel: [alt] + [G] erzeugt das Copyright-Zeichen ©

So ergeben sich für die Mac-Tastatur vier Tastaturebenen mit unterschiedlicher
Belegung. Die Tastenkombinationen sind so meist kürzer und leichter zu merken
als am PC.

Für das Mac-OS-Betriebssystem existiert mit der *Zeichenpalette* ebenfalls ein kom-
fortables Hilfsmittel, um Sonderzeichen in eine andere Anwendung einzufügen.
Neben der Anzeige nach Kategorien und Unicode-Bereichen bietet das Programm
weitere nützliche Funktionen wie das Anlegen von Favoriten oder das Vorschla-
gen von ähnlichen Zeichen innerhalb der gewählten oder in anderen installierten
Fonts.

Eines der beliebtesten Hilfsmittel zur Eingabe von Sonderzeichen am Macintosh ist allerdings das Shareware-Programm *PopChar*. Es bietet zwar kaum mehr Funktionalität als die bereits in Mac OS integrierte *Zeichenpalette,* ist aber dafür wesentlich schneller und einfacher zu benutzen.

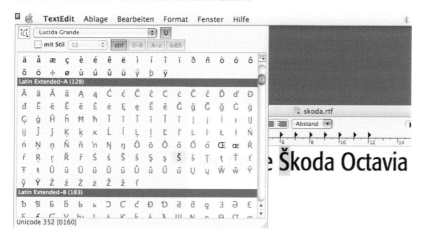

PopChar kann über ein kleines „P" in der linken oberen Ecke des Bildschirms aus allen Anwendungen per Klick aufgerufen werden. Im sich daraufhin öffnenden PopChar-Fenster muss lediglich das Zeichen angeklickt werden, um es in die aktuelle Anwendung einzufügen. Das manuelle Kopieren und Einfügen über die Zwischenablage entfällt somit, und PopChar ist deshalb für alle zu empfehlen, die häufig Sonderzeichen einfügen müssen.

1.5 Fontmanager und andere Software-Tools

1.5.1 Fontmanager

„Die Seele jeder Ordnung ist ein großer Papierkorb."

Kurt Tucholsky

Wer täglich mit Schrift am Rechner arbeitet, ist auf eine effiziente Verwaltung des Font-Bestandes zwingend angewiesen. Das Installieren hunderter Fonts ohne jegliche Strukturierung bremst nicht nur das Betriebssystem aus, sondern behindert vor allem den Anwender bei der Schriftwahl und dem Sichten und Wiederfinden der auf dem Rechner befindlichen Schriften. Insbesondere in Werbeagenturen und Verlagen wird naturgemäß von verschiedenen Rechnern in zum Teil unterschiedlichen Abteilungen auf einen großen Schriftbestand zurückgegriffen. Hier müssen Fonts nach Kunden oder Projekten kategorisiert und abgelegt sein, um sie an Dritte, zum Beispiel eine externe Druckvorstufe, weitergeben zu können und um Probleme mit fehlenden Schriften oder Konflikten unterschiedlicher Fontversionen gleichen Namens zu vermeiden. Die Betriebssysteme bieten von Haus aus leider keine oder nur unzureichende Unterstützung zur Fontverwaltung. In der Regel werden die Schriften in einen systemeigenen Fontordner verschoben, um sie zu installieren. Eine Strukturierung des Fontbestandes ist so nur schwer möglich. Mit einem Fontmanager können die Schriften nach eigenen Vorlieben auf dem Rechner oder im Netzwerk abgelegt werden. Der Fontmanager verweist lediglich auf diesen Bestand oder legt Kopien nach eigenem System an. Erst wenn ein Font tatsächlich benötigt wird, aktiviert man ihn über den Fontmanager, der die Schrift dann temporär im Betriebssystem installiert. Zur Auswahl einer Schrift lässt sich der Fontbestand in einem Fontmanager bequem durchsuchen. Dabei bieten die Programme verschiedene Darstellungsarten mit Mustertexten an, die meist nach eigenen Bedürfnissen abgeändert werden können. Einige Fontmanager bieten darüber hinaus weitere nützliche Funktionen wie Schriftvergleiche oder die Erstellung von Schriftmusterseiten. Nachfolgend wird eine Auswahl einiger kommerzieller Fontmanager für Windows und Mac OS vorgestellt. Die aktuellen Preise und Bezugsquellen der Fontmanager und der anderen hier vorgestellten Softwaretools finden Sie auf der Internet-Seite zu diesem Buch (http://www.zeichen-setzen.info).

FontAgent Pro

Betriebssystem: nur Mac OS X

FontAgent Pro ist ein ausgereifter, englischsprachiger Fontmanager zum Organisieren und Reparieren der Benutzer- und Systemfonts unter Mac OS X. In Font-Agent Pro lassen sich Fonts in unterschiedliche Bibliotheken einordnen, die ihrerseits noch einmal in beliebig verschachtelte Fontsätze unterteilbar sind. So können auch umfangreiche Fontsammlungen einfach und gut strukturiert verwaltet werden.

Das Programm kann auf sehr einfache Weise per Drag & Drop benutzt werden. Nach der Installation kann zum Beispiel einfach das Festplatten-Icon in das Bibliothekenfenster gezogen werden, um alle Fonts der Festplatte einzulesen. Font-Agent Pro überprüft dabei alle Fonts auf Fehler, Duplikate und verwaiste Dateien. Zudem kann es zusammengehörige Fonts wieder in einem Ordner zusammenführen und unnötige Zeichensatzkoffer aufsplittern, um sie übersichtlich verwalten zu können. Eine Exportfunktion ermöglicht es, markierte Fonts oder Sätze in einen Ordner zu exportieren, um zum Beispiel alle Fonts eines Projektes an die Druckvorstufe weitergeben zu können. Die optionale Möglichkeit, auch die Systemschriften von FontAgent Pro verwalten zu lassen, eröffnet professionellen Anwendern einen besonders einfachen Zugriff auf die in verschiedenen Ordnern verteilten Systemfonts und damit auch die Möglichkeit, die häufigen Konflikte zu aktivierender Fonts mit bestehenden Systemfonts auszuräumen.

Der „Font Player" ist das vielseitige Vorschaumodul von FontAgent Pro. Hier lassen sich Musterdarstellungen der gewählten Fonts generieren, und diese können als digitales Schriftmusterbuch im PDF-Format gespeichert werden. Die Fonts können als Einzelfont, als Gruppe oder als Satz aktiviert und deaktiviert werden. Erweiterungen für Programme wie Adobe InDesign und Quark XPress erlauben das automatische Aktivieren im Dokument benötigter Schriften.

Mit der „Workgroup Edition" ist auch der Einsatz in einem Netzwerk gewährleistet. Fonts können mit einem Klick für andere Nutzer freigegeben werden, und auch die automatische Aktivierung ist verfügbar. So lassen sich Dokumente in einem Netzwerk bedenkenlos austauschen.

Extensis Suitcase
Betriebssystem: Windows und Mac OS

Suitcase ist ein etablierter Font-Manager für PC und Mac und auch in deutscher Sprache verfügbar. Das Programm bietet eine übersichtliche Oberfläche und lässt sich intuitiv bedienen. Zur Verwaltung werden die Fonts in Gruppen organisiert, wobei die Aktivierung der Fonts einzeln, in Gruppen oder per automatischer Aktivierung aus laufenden Anwendungen heraus erfolgen kann. Mit den Programm-Gruppen können Fonts bestimmten Programmen zugeordnet werden, die beim Starten der Anwendung automatisch aktiviert werden. Der Vorschaubereich kann nicht nur einzelne Fonts anzeigen, sondern auch eine Übersicht zusammengehöriger oder gleichzeitig selektierter Schriften zeigen. So lassen sich Fonts visuell vergleichen und die Zusammensetzung einer Schriftfamilie schnell überblicken. Die Musterdarstellung lässt sich aus vier Modi wählen: Wasserfall-Abbildung,

Alphabet, Absatz und eigener Text („Quicktype"). Über die QuickFind-Funktion lassen sich Fonts anhand des Namens, des Stils oder selbst bestimmter Schlüsselwörter schnell finden.

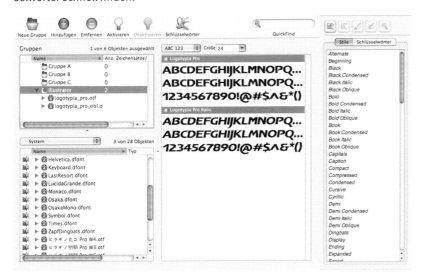

Für Netzwerke bietet Extensis das Programm „Suitcase Server" an. Hier kann ein Administrator kontrollieren, welche Schriften für welche Nutzer des Netzwerkes zur Verfügung gestellt werden. Das Programm überwacht dabei auch die Lizenzen und warnt den Administrator, wenn mehr Nutzer auf einen Font zuzugreifen versuchen, als es die Schriftlizenzen erlauben. Außerdem kann über den Suitcase-Server ein Grundstamm immer aktiver Schriften bestimmt werden, den die Suitcase-Clients automatisch aktivieren. Andere optionale Schriften können von jedem Client aus separat aktiviert werden. Der Einsatz von Suitcase bietet sich auch für heterogene Netzwerke aus PC- und Mac-Rechnern an, die über den Suitcase-Server verbunden werden können, sofern die verwendeten Fonts auf beiden Plattformen einsetzbar sind.

Adobe Type Manager

Betriebssystem: Windows und Mac OS

Der Adobe Type Manager (kurz ATM) hatte in älteren Betriebssystemen ursprünglich die Funktion, PostScript-Schriften für den Bildschirm oder zur Ausgabe auf nicht-PostScript-fähigen Druckern zu rastern. In den Bereichen Grafik-Design und Druckvorstufe, die fast ausschließlich mit PostScript-Fonts arbeiten, war ATM daher lange Zeit obligatorisch. In der Deluxe-Version wurde das Programm auch

gern als Fontmanager eingesetzt. Da aber in den aktuellen Betriebssystemen die Funktion als Rasterizer überflüssig geworden ist und andere Fontmanager einen wesentlich größeren Funktionsumfang besitzen, wird ATM heute immer weniger eingesetzt.

Neuber Typograf

Betriebssystem: nur Windows

Typograf ist ein Shareware-Fontmanager für Windows. Trotz des relativ geringen Preises wartet das Programm mit zahlreichen nützlichen Funktionen auf, die Typograf für private und professionelle Anwender gleichermaßen interessant machen.

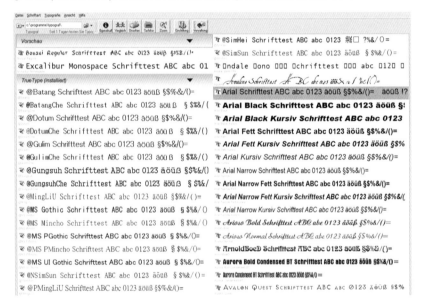

In erster Linie ermöglicht das Programm Fonts zu sichten, die auf dem System installiert sind oder sich auf einem Datenträgen befinden. Dabei zeigt das Programm nicht wie die meisten Fontmanager nur den gerade ausgewählten Font, sondern nutzt den gesamten Bildschirm, um alle Fonts mit Mustertexten in der jeweiligen Schrift darzustellen. So lässt sich der gesamte Bestand besonders schnell überblicken und visuell durchsuchen. Die TrueType-, Type1-, OpenType- und Rasterfonts können installiert/deinstalliert werden oder lassen sich temporär aktivieren oder deaktivieren.

Tastaturbelegung
Typograf kann die Zeichenbelegung eines Fonts auch als
Tastaturansicht mit zugehörigen Tastenkombinationen ausgeben.

Zudem bietet Typograf zahlreiche nützliche Zusatzinformationen zu den gewählten Schriften. So lässt sich zum Beispiel der Zeichensatz der Fonts einschließlich
zugehöriger Tastaturkürzel abrufen oder die Tastaturbelegung darstellen. Selbst
die Unterschneidungspaare („Kerning") des Fonts werden numerisch aufgelistet
und in der Anwendung angezeigt – eine hilfreiche Funktion, die kaum ein anderer
Fontmanager bietet. Die Funktion „Schriften vergleichen" stellt die wichtigsten
Eigenschaften der gewählten Fonts gegenüber. So wird die Schriftwahl zum Beispiel durch das Aufspüren fehlender Umlaute oder Kerningpaare erleichtert.

Kerningpaare: 496

AQ	-19	Aw	0	BÁ	-17
AT	-69	Av	0	BÜ	-26
AU	-34	A"	-68	C,	25
AV	-55	A'	-67	C.	17
AW	8	B,	25	D,	-10
AY	-85	B.	16	D.	-17
Ap	17	BA	-17	DA	43
Au	-10	BU	-26	DV	-34
Av	-17	BÄ	-17	DW	17

Unterschneidung
Die Kerning-Paare eines Fonts
werden numerisch und visuell
angezeigt.

Mit der Typograf-Datenbank wird der gesamte Schriftenbestand wie in einem
Schriftmusterbuch nach eigenen Wünschen archiviert und lässt sich nach Schriftnamen, Bemerkungen oder Datenträgern durchsuchen. Die Font-Sätze heißen in
Typograf Schriftgruppen und erlauben die Zusammenfassung der Fonts nach eigenen Kriterien, zum Beispiel nach Stil, Projekt oder Kunde. Dabei lassen sich die
erstellten Sätze über den in der Taskleiste verfügbaren Schriftgruppenmanager
besonders einfach und schnell aktivieren und deaktivieren, ohne das Hauptpro-
gramm starten zu müssen. Eine umfangreiche Druckfunktion rundet das Angebot
ab. So lassen sich neben den Zeichensätzen und Tastaturbelegungen auch edi-
tierbare Musterseiten der gewählten Fonts zusammen auf eine Seite oder einzeln
drucken.

1.5.2　Sonstige Tools

Fontkonvertierung mit Transtype

Betriebssystem: Windows und Mac OS

Wenn Dokumente zwischen PC und Mac ausgetauscht werden sollen, müssen die verwendeten Fonts, sofern sie nicht im OpenType-Format vorliegen, für die Verwendung auf dem anderen Betriebssystem konvertiert werden. Dies kann mit dem Programm Transtype vorgenommen werden. Transtype liest TrueType-, Post-Script-Type1- und Multiple-Master-Fonts ein und konvertiert sie in ein beliebiges Format für Windows und das Mac OS. In der Pro-Version können die Fonts auch in das plattformübergreifende OpenType-Format überführt werden. Das Programm kümmert sich dabei selbstständig um die Änderung der Zeichenbelegung und kann zu erstellende Fonts für Mac OS automatisch zu Zeichensatz-Koffern zusammenfassen.

Fonts bearbeiten mit Fontlab Studio/Typetool

Betriebssystem: Windows und Mac OS

Um die einzelnen Zeichen eines Fonts zu bearbeiten oder um neue Zeichen hin-
zuzufügen, benötigt man einen Font-Editor. Eines der beliebtesten Programme
zu diesem Zweck ist Fontlab Studio beziehungsweise die etwas abgespeckte und
kostengünstigere Version Typetool.

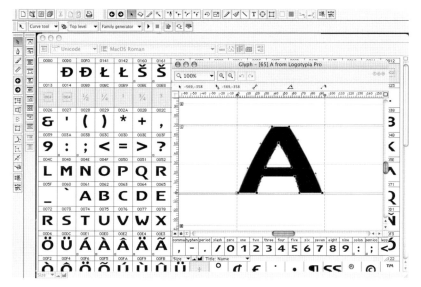

Mit diesen Programmen können Schriften von Grunde auf neu erstellt oder Fonts
in allen gängigen Formaten geöffnet, modifiziert und neu generiert werden.

Fontlab unterstützt den Schriftgestalter dabei in allen Arbeitsschritten. Von der
Übernahme der Schriftformen aus allen gängigen Illustrationsprogrammen über
die Einstellungen von Zurichtung, Unterschneidung und Bildschirmoptimierung
bis hin zur Programmierung von umfassenden OpenType-Features.

Fontmenü-Optimierung mit Fontcard
Betriebssystem: nur Mac OS X

Ganz gleich wie sorgsam man seinen Fontbestand verwaltet und organisiert: Am Ende ist das Fontmenü dennoch meist völlig überladen. Mit den modernen Betriebssystemen sind bereits unzählige Schriften vorinstalliert, und wenn dann später noch einige größere Schriftfamilien hinzukommen, deren Schnitte alle einzeln im Fontmenü auftauchen, ist die Übersicht restlos verloren und das Navigieren durch die Fontliste wird zur Geduldsprobe.

Abhilfe schafft hier das günstige Shareware-Programm Fontcard. Es ist kein klassischer Fontmanager, sondern kümmert sich allein um die Darstellung der Fontliste in den verschiedenen Applikationen. Hier spielt es dafür alle seine Stärken aus. Das Programm erweitert das Fontmenü um Icons, die das Schriftformat (TrueType, PostScript, OpenType) neben dem Schriftnamen anzeigen. Außerdem gruppiert es die Schnitte einer Schriftfamilie zu einem Untermenü, wodurch das Fontmenü wesentlich übersichtlicher wird. Wenn gewünscht, kann das gesamte Menü im WYSIWYG-Modus dargestellt werden. Die Namen der Schriftschnitte werden dann direkt in der jeweiligen Schrift dargestellt.

Das Programm arbeitet nahtlos mit FontAgent Pro und der Schriftsammlung von Mac OS X zusammen und ist deshalb für Benutzer dieser Fontmanager besonders zu empfehlen. Im Fontmenü sind dann die Schriften direkt nach den im Fontmanager definierten Sets anwählbar und müssen nicht mühsam aus der alphabetischen Liste zusammengesucht werden.

Schriftmuster drucken mit FontVista

Betriebssystem: nur Mac OS

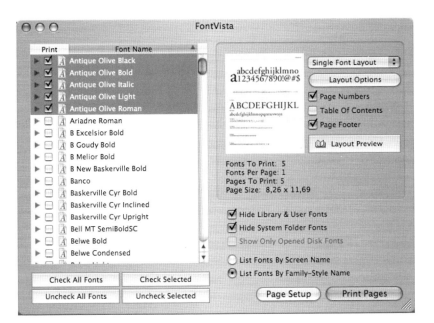

Oft ist es zweckmäßig, bei der Suche nach einem geeigneten Font gedruckte Musterseiten zu begutachten statt nur einer Bildschirmansicht. Mit FontVista kann der
eigene Fontbestand auf sehr einfache Weise katalogisiert und ausgedruckt werden. Das Tool bezieht dabei nicht nur die installierten Fonts ein, sondern kann
die gesamte Festplatte durchsuchen und von den gefundenen Fonts Musterblätter
erstellen – wahlweise als Ausdruck, als PDF oder als Ordner mit HTML-Dateien.
Aussehen und Texte der Musterseite lassen sich nach eigenen Wünschen gestalten. FontVista unterstützt alle gängigen Schriftformate: TrueType, PostScript
Type1, Multiple Master, OpenType, und Apples DataFork-fonts (.dfont).

...tyou get™") zu beg...
...t der sich das Prog...
...ten dienen, müssen...

...gsten Einsatzfelder von Personalcomputern. Von der privaten oder geschäftlichen Korrespondenz, bis hin zur Erstellung von Buchmanuskripten werden Textvera...
...so oft umständlich oder fehlerhaft benutzt. Der Grund liegt paradoxerweise in der vermeintlichen Leichtigkeit, mit der sich das Programm bedienen lässt. Wer mit z...

...rrekter und zweckmäßiger Arbeitsweisen, eine Benutzung einschleicht, die zwar ihren Zweck erfüllt, aber im Ernstfall sogar teuer werden kann.
...r auf dem heimischen Drucker ausgegeben werden, sondern zum Beispiel als Vorlage für Drucksachen oder Webseiten dienen, müssen gewisse Regeln eingehalten u...
...rt Seiten, ein nicht zu unterschätzender Faktor.

...deren Textverarbeitungsprogrammen besteht darin, diese nicht als WYSIWYG-Anwendung („What you see is what you get") zu begreifen.
...die einzelnen Elemente nicht, wie zum Beispiel in einem Grafikprogramm, durch manuellen Eingriff „zurechtgerückt" werden, sondern die Elemente müssen sinnv...

...eitung wird beispielhaft am Programm Microsoft Word erläutert, kann aber auch analog in ähnlichen Anwendungen, wie OpenOffice, WordPerfect, Ragtime und so w...

me wie Word von Microsoft, das mittlerweile schon zum Synonym für Textverarbeitung geworden ist, tagtäglich eingesetzt.
ten oder Programmen nicht arbeiten kann, ist gezwungen das Handbuch zu lesen. Word lässt sich aber in seinen Grundfunktionen intuitiv und durch learning by doi

dige Nachkorrekturen zu vermeiden.

d zentral formatiert werden. Nur so ist gewährleistet, dass sich das Dokument anwendungsübergreifend einsetzen lässt.

en werden. Auch in Layout-Programmen wie Adobe InDesign und QuarkXPress können die vorgestellten Funktionen und Tastaturkürzel nahezu identisch verwende

Textverarbeitung

2.1 Crashkurs Textverarbeitung

„Ein Text ist nicht dann vollkommen, wenn man nichts mehr hinzufügen kann, sondern dann, wenn man nichts mehr weglassen kann."

Antoine de Saint-Exupéry

Textverarbeitung ist heute eine der wichtigsten Einsatzfelder von Personalcomputern. Von der privaten oder geschäftlichen Korrespondenz, bis hin zur Erstellung von Buchmanuskripten werden Textverarbeitungsprogramme wie Word von Microsoft, das mittlerweile schon zum Synonym für Textverarbeitung geworden ist, tagtäglich eingesetzt. Dennoch wird kaum ein anderes Programm so oft umständlich oder fehlerhaft benutzt. Der Grund liegt paradoxerweise in der vermeintlichen Leichtigkeit, mit der sich das Programm bedienen lässt. Wer mit zu komplexen Geräten oder Programmen nicht arbeiten kann, ist gezwungen, das Handbuch zu lesen. Word lässt sich aber in seinen Grundfunktionen intuitiv und durch *learning by doing* benutzen. Dies hat leider zur Folge, dass sich statt korrekter und zweckmäßiger Arbeitsweisen eine Benutzung einschleicht, die zwar ihren Zweck erfüllt, aber im Ernstfall sogar teuer werden kann. Denn sobald Textdokumente nicht mehr nur auf dem heimischen Drucker ausgegeben werden, sondern zum Beispiel als Vorlage für Drucksachen oder Webseiten dienen, müssen gewisse Regeln eingehalten werden, um aufwendige Nachkorrekturen zu vermeiden. Bei Buchmanuskripten von mehreren hundert Seiten ein nicht zu unterschätzender Faktor. Ein grundlegendes Problem bei Word und anderen Textverarbeitungsprogrammen besteht darin, diese nicht als WYSIWYG-Anwendung („What you see is what you get") zu begreifen. Das heißt, mit Programmen wie Word dürfen die einzelnen Elemente nicht, wie zum Beispiel in einem Grafikprogramm, durch manuellen Eingriff „zurechtgerückt" werden, sondern die Elemente müssen sinnvoll strukturiert und zentral formatiert werden. Nur so ist gewährleistet, dass sich das Dokument anwendungsübergreifend einsetzen lässt. Der nachfolgende Crashkurs in Textverarbeitung wird beispielhaft am Programm Microsoft Word erläutert, kann aber auch analog in ähnlichen Anwendungen wie OpenOffice, WordPerfect, Ragtime und so weiter nachvollzogen werden. Auch in Layout-Programmen wie Adobe InDesign und QuarkXPress können die vorgestellten Funktionen und Tastaturkürzel nahezu identisch verwendet werden.

2.1.1 Tastaturkürzel in der Textverarbeitung

Die Computer-Maus sollte bei der Arbeit mit Textverarbeitungsprogrammen eine Nebenrolle spielen. Es ist nicht nur umständlich und zeitraubend, zwischen dem Tippen mit beiden Händen immer wieder zur Maus zu wechseln, um zum Beispiel Textabschnitte zu markieren oder innerhalb des Dokuments zu navigieren. Oft ist es schlicht unpräzise oder gar unmöglich, Abschnitte auf das Zeichen genau und teilweise über mehrere Seiten hinweg auszuwählen. Mit einfachen Tastaturkürzeln lässt sich die Arbeit mit Textverarbeitungsprogrammen wesentlich vereinfachen und beschleunigen. Die Kürzel sind übrigens meist identisch in allen Anwendung benutzbar, die mit Text arbeiten. Das Erlernen lohnt sich also nicht nur für die Arbeit in Word und Co.

Navigieren in Textdokumenten

Funktion	Windows	Mac OS
Ein Zeichen nach links springen	←	←
Ein Zeichen nach rechts springen	→	→
Eine Zeile nach oben springen	↑	↑
Eine Zeile nach unten springen	↓	↓
Einen Bildschirm nach oben springen	Bild ↑	↕
Einen Bildschirm nach unten springen	Bild ↓	↨
An den Anfang der Zeile springen	Pos 1	↖
An das Ende der Zeile springen	Ende	↘
Ein Wort nach links springen	Strg ←	alt ←
Ein Wort nach rechts springen	Strg →	alt →
Einen Absatz nach oben springen	Strg ↑	alt ↑
Einen Absatz nach unten springen	Strg ↓	alt ↓
Eine Seite nach oben springen	Strg Bild ↑	alt ↕
Eine Seite nach unten springen	Strg Bild ↓	alt ↨
Zum Anfang des Dokuments springen	Strg Pos 1	alt ↖
Zum Ende des Dokuments springen	Strg Ende	alt ↘

Markieren in Textdokumenten

Das Markieren innerhalb von Textdokumenten funktioniert mit den gleichen Tastaturkürzeln wie das Navigieren. Es muss lediglich zusätzlich die Umschalttaste („Shift") gedrückt werden.

Funktion	Windows	Mac OS
Ein Zeichen nach links markieren	⇧ ←	⇧ ←
Ein Zeichen nach rechts markieren	⇧ →	⇧ →
Eine Zeile nach oben markieren	⇧ ↑	⇧ ↑
Eine Zeile nach unten markieren	⇧ ↓	⇧ ↓
Einen Bildschirm nach oben markieren	⇧ Bild↑	⇧ ⇞
Einen Bildschirm nach unten markieren	⇧ Bild↓	⇧ ⇟
Bis zum Anfang der Zeile markieren	⇧ Pos 1	⇧ ↖
Bis zum Ende der Zeile markieren	⇧ Ende	⇧ ↘
Ein Wort nach links markieren	⇧ Strg ←	⇧ alt⌥ ←
Ein Wort nach rechts markieren	⇧ Strg →	⇧ alt⌥ →
Einen Absatz nach oben markieren	⇧ Strg ↑	⇧ alt⌥ ↑
Einen Absatz nach unten markieren	⇧ Strg ↓	⇧ alt⌥ ↓
Eine Seite nach oben markieren	⇧ Strg Bild↑	⇧ alt⌥ ⇞
Eine Seite nach unten markieren	⇧ Strg Bild↓	⇧ alt⌥ ⇟
Zum Anfang des Dokuments markieren	⇧ Strg Pos 1	⇧ alt⌥ ↖
Zum Ende des Dokuments markieren	⇧ Strg Ende	⇧ alt⌥ ↘

Eine weitere Möglichkeit zur Markierung ist der Erweiterungsmodus von Word. Dabei wird die Markierung nach semantischen Einheiten erweitert. Durch mehrmaliges Drücken der Funktionstaste F8 kann ein Wort, ein Satz, ein Absatz und schließlich das gesamte Dokument ausgewählt werden. Die Hinzunahme der Umschalttaste verkleinert die Auswahl wieder um eine semantische Einheit, und durch Drücken der Escape-Taste verlässt man den Erweiterungsmodus.

Bearbeitungsfunktionen

Funktion	Windows	Mac OS
Alles markieren	Strg A	⌘ A
Markierten Bereich ausschneiden	Strg X	⌘ X
Markierten Bereich kopieren	Strg C	⌘ C
Aus der Zwischenablage einfügen	Strg V	⌘ V
Letzte Bearbeitung rückgängig machen	Strg Z	⌘ Z
Markierung oder rechtes Zeichen löschen	Entf	Entf ⊠
Zeichen links löschen	←	←

Automatisches Formatieren während des Schreibens

Häufige Textformatierungen wie zum Beispiel der Wechsel zur Fettschrift lassen sich direkt während des Schreibens einfügen, ohne dass man den Bereich zunächst markieren und dann formatieren müsste. Die Anwendungsprogramme bieten dazu Auto-Formatierungsoptionen. Durch das Einschließen eines Textabschnittes mit speziellen Zeichen wandelt die Anwendung den Bereich selbstständig in die gewünschte Formatierung um und entfernt die Steuerzeichen wieder.

Funktion	Schreibweise	Ergebnis
Automatische Fettschrift in Word	*Fettschrift*	**Fettschrift**
Automatische Kursivschrift in Word	_Kursivschrift_	*Kursivschrift*
Automatische Fettschrift in OpenOffice	*Fettschrift*	**Fettschrift**
Automatisch unterstreichen in OpenOffice	_Unterstreichen_	Unterstreichen

Markieren mit der Maus

Um einzelne Wörter mit der Maus zu markieren, reicht in der Regel ein Doppelklick auf das betreffende Wort. Auch der Dreifachklick ist in vielen Anwendungen belegt, allerdings mit unterschiedlichen Funktionen. Die Markierung mit einem Dreifachklick erzeugt, abhängig vom Programm, eine Markierung des Satzes, der Zeile oder des gesamten Absatzes.

2.1.2 Zeichen- und Absatzformate

„Der PC ist keine Schreibmaschine."

Robin Williams

Nahezu jedes Textdokument besitzt Elemente mit wiederkehrenden Formatierungen. Dazu zählen die Einstellungen von Schriftart und -stil, Schriftgrößen, Einzügen, Zeilenabstand, Laufweite, Farben, Tabulatoren, Abständen und vieles weitere mehr. Alle diese Parameter jeweils manuell durch Markieren und Formatieren zu setzen, ist nicht nur eine aufwändige und fehleranfällige Arbeit. Wenn später nur einer der Parameter geändert werden soll, muss das gesamte Dokument durchsucht und angepasst werden.

Über Formatvorlagen kann eine Gruppe von Formatierungsmerkmalen unabhängig vom Text selbst verwaltet werden. Statt alle Formatierungen immer wieder neu auf Zeichen und Absätze anzuwenden, weist man ihnen lediglich ein Zeichen- oder Absatzformat zu. Zentrale Änderungen an diesen Formaten wirken sich dann automatisch auf alle Bereiche aus, die auf diesem Format beruhen. So kann zum Beispiel die Schriftgröße aller Überschriften eines Dokuments auf einen Schlag angepasst werden.

Verborgene Zeichen

Um effektiv mit Formatvorlagen, Tabulatoren und anderen Hilfsmitteln der Textverarbeitung arbeiten zu können, sollte die Ansicht verborgener, also nicht druckender Steuerzeichen möglichst immer aktiviert sein. Nur so lassen sich strukturelle Fehler wie doppelte Leerzeichen oder falsche Umbrüche finden. Durch Drücken der Taste mit dem Alinea-Symbol ¶ wird bei den meisten Textverarbeitungsprogrammen in die Ansicht der Steuerzeichen gewechselt. Die Bedeutung der Zeichen zeigt folgende Tabelle.

Steuerzeichen	Bedeutung	Anmerkung
·	Leerzeichen	Mehrfache Leerzeichen hintereinander sind in jedem Falle zu vermeiden
° (PC) ⌥ (Mac)	Geschütztes Leerzeichen	Zwischen den benachbarten Wörtern wird kein Umbruch durchgeführt PC: ⇧ Strg □ Mac: ⇧ ctrl □
¶	Absatzende	PC: ↵ Mac: ↵
→	Tabulator	PC: ⇥ Mac: →
↵	Zeilenschaltung	Umbruch ohne Absatzende („weicher Umbruch") PC: ⇧ ↵ Mac: ⇧ ↵
¬	Bedingter Trennstrich	Trennung erfolgt nur am Spaltenende PC: Strg - Mac: ⌘ -
¤	Feldende	Bei Tabellen

Verborgene Zeichen
Eine Auswahl der wichtigsten Steuerzeichen in Microsoft Word für PC und Mac.

Zeichen- und Absatzformate anwenden

Wenn Sie Microsoft Word starten, verfügt das neue Dokument bereits über einen Standardsatz von Formatvorlagen. Im Dialogfeld *Formatvorlage* (Menü FORMAT, Befehl FORMATVORLAGE) sehen Sie eine Vorschau weiterer Formatvorlagen, die Sie dort auswählen können. Formatvorlagen können sich entweder auf Absätze oder auf Zeichen beziehen. Absatzformate bieten sich immer an, wenn die entsprechenden Bereiche mit einem Umbruch enden, also zum Beispiel bei Fließtextabschnitten, Überschriften und Listen. Absatzformate enthalten nicht nur Parameter über die Zeichen des Absatzes, sondern auch über Einzüge und Abstände des Absatzes. Zeichenformate hingegen können eingesetzt werden, um innerhalb eines Absatzes die Formatierung zu ändern, um zum Beispiel Wortgruppen fett oder kursiv auszuzeichnen. Um ein Absatzformat zuzuweisen, wird die Einfügemarke an einer beliebigen Stelle des Absatzes positioniert und die Formatvorlage aus dem gleichnamigen Auswahlfeld angewählt. Alternativ kann über das Menü

Formatvorlagen
Die Auswahl erfolgt in der Formatvorlagen-Palette. Das Piktogramm rechts vom Namen zeigt an, ob es sich um ein Zeichenformat (a) oder ein Absatzformat (¶) handelt.

FORMAT, Befehl FORMATVORLAGE eine Zuweisung erfolgen. Zeichenformate lassen sich auf die gleiche Weise zuweisen mit dem Unterschied, dass sich die Zuweisung dann nur auf die markierten Zeichen beschränkt.

Eigene Zeichen- und Absatzformate erstellen

Natürlich ist es zweckmäßig, sich für eigene Dokumente die Formatvorlagen selbst zu erstellen, um sie den eigenen Bedürfnissen anpassen zu können. Im Dialogfeld *Formatvorlage* können die bestehenden Vorlagen geändert und neue erstellt werden.

Neben einem Namen kann zwischen Absatz- und Zeichenvorlage gewählt werden. Das Auswahlfeld FORMATVORLAGE BASIERT AUF ermöglicht die Vererbung der Parameter einer bestehenden Formatvorlage (Elternteil) an die zu erstellende Vorlage (Kind). Dies ist zum Beispiel sinnvoll, wenn alle Formatvorlagen Ihres Dokuments den gleichen Font verwenden. Dann muss dieser nicht in jeder Formatvorlage neu eingestellt werden. Es wird stattdessen ein Format angelegt, das den Font definiert, und alle anderen Formatvorlagen basieren auf diesem Ausgangsformat und müssen lediglich mit den abweichenden Parametern, wie zum Beispiel einer unterschiedlichen Schriftgröße, versehen werden. Über das Auswahlfeld FORMATVORLAGE FÜR NÄCHSTEN ABSATZ kann bestimmt werden, welches Absatzformat dem gerade zu erstellenden Format im Textfluss folgt. Dies kann nützlich sein, wenn sich die strukturelle Abfolge der Absätze im Dokument oft wiederholt. Folgt

zum Beispiel einem Bild stets eine Bildunterschrift, kann die Zuordnung des For-
mates für die Bildunterschrift automatisch mit der Zuweisung des Absatz-Forma-
tes für das Bild erfolgen.

Wurden die oben genannten Einstellungen getroffen, können die Parameter der
Formatvorlage bestimmt werden. Neben den typischen Einstellungen zu Schriftwahl, Auszeichnung und Textausrichtung können auch Einzüge und Abstände,
Umbrüche, Zeilenabstand, Tabulatoren, Rahmen, Sprachen und Nummerierungs-
und Gliederungsoptionen definiert werden.

2.1.3 Die Tabulator-Funktion

Die Möglichkeiten, in Textverarbeitungsprogrammen die Formatierungen und den
Textfluss zu bearbeiten, sind so vielfältig, dass leider immer wieder zu den falschen Hilfsmitteln gegriffen wird. Dies führt beim Dokumentaustausch regelmä-
ßig zu großen Problemen und aufwändiger Nachkorrektur. Nachfolgend werden
deshalb einige grundlegende Funktionen der Textstrukturierung und -formatie-
rung und deren korrekte Anwendung erläutert.

Zweck und Einsatz der Tabulator-Funktion

Die Tabulator-Funktion ist ein einfaches Hilfsmittel, um Zeilen vertikal zu unter-
gliedern, um Wörter, Wortgruppen oder Zahlen exakt untereinander ausrichten zu
können. Dies ist zum Beispiel für die Erstellung von Inhaltsverzeichnissen, Preis-
listen oder ähnlichen tabellarischen Texten sinnvoll. Über die Festlegung von vertikalen Sprungmarken, den so genannten *Tabstopps,* lassen sich die Inhalte einer
Zeile an den Marken ausrichten und durch Betätigung der Tabulatortaste und das
dadurch erzeugte Steuerzeichen – den *Tabulatoren* – direkt anspringen. Jeder
Tabstopp kann dabei eine eigene Ausrichtung besitzten. Neben linksbündig, zentriert und rechtsbündig bietet sich die dezimale Ausrichtung für Zahlen an, die
dann – unabhängig von der Anzahl der Vor- und Nachkommastellen – jeweils am
Komma ausgerichtet werden.

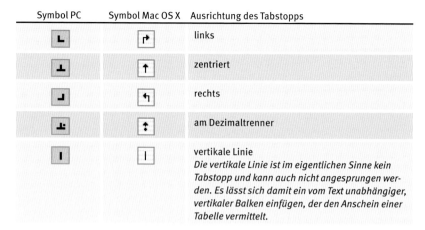

Symbol PC	Symbol Mac OS X	Ausrichtung des Tabstopps
L	⌐►	links
⊥	↑	zentriert
⌐	◄⌐	rechts
⊥	◆	am Dezimaltrenner
I	I	vertikale Linie *Die vertikale Linie ist im eigentlichen Sinne kein Tabstopp und kann auch nicht angesprungen werden. Es lässt sich damit ein vom Text unabhängiger, vertikaler Balken einfügen, der den Anschein einer Tabelle vermittelt.*

Tabstopps können visuell mit der Maus oder numerisch gesetzt werden. Zunächst muss der Bereich markiert werden, in dem die Tabstopps zu setzen sind. Wird keine Auswahl getroffen, werden die Tabstopps nur im Absatz eingefügt, in dem sich die Einfügemarke befindet.

Tabstopps
Tabstopps lassen sich direkt ins Lineal einfügen

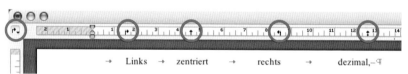

Bei eingeschalteten Linealen kann in der linken oberen Ecke der Tabulatortyp gewählt und durch Klicken in die horizontale Linealleiste eingefügt werden. Um einen Tabstopp wieder zu entfernen, wird er einfach wieder aus dem Lineal herausgezogen.

Die numerische Eingabe ist wegen der besseren Genauigkeit vorzuziehen. Über das Menü FORMAT, TABSTOPPS gelangt man in das Dialogfenster zur Bearbeitung der Tabstopps. Hier können die Tabstopp-Positionen in einer beliebigen Einheit eingetragen werden. Der Wert bezieht sich dabei immer auf den linken Seitenrand, der unter DATEI, SEITE EINRICHTEN definiert wird. Neben den schon erläuterten Ausrichtungen der Tabstopps kann in diesem Dialogfenster auch ein Füllzeichen ausgewählt werden, das in einer Zeile den Freiraum bis zu einem Tabstopp automatisch ausfüllt. Dies ist bei großen Tabulator-Sprüngen hilfreich, um dem Auge die Zeilenführung zu erleichtern, zum Beispiel bei der Erstellung von Inhaltsverzeichnissen.

Probleme mit Standard-Tabstopps

Eine immer wiederkehrende Fehlerquelle bei der Arbeit mit Tabulatoren in Word besteht in der Tatsache, dass ein neues Dokument stets mit einer Folge von Standard-Tabstopps, im Abstand von 1,25 Zentimetern, belegt ist, solange noch keine eigenen Tabstopps im betreffenden Bereich festgelegt wurden. Doch diese Voreinstellung schadet leider mehr, als sie nützt.

Tabstopps
Die Standard-Tabstopps sind im Lineal als graue Striche erkenntlich.

Denn der geringe Abstand der Tabstopps untereinander bewirkt, dass man über die Tabstopp-Positionen hinausschreibt (Zeile 1) und andererseits gezwungen ist, zu viele Tabulatoren zu setzen (Zeile 2). Dies hat zur Folge, dass die einzelnen Zeilen dadurch eine unterschiedliche Anzahl gesetzter Tabulatoren besitzen. Ändert sich nun zum Beispiel die Schriftgröße, werden inhaltlich zusammengehörige Spalten auseinandergerissen.

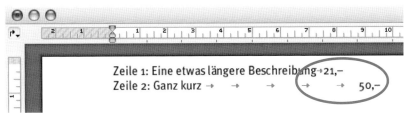

Tabulator-Fehler
Eine ungleiche Anzahl von gesetzten Tabulatoren kann Zusammengehöriges auseinander reißen.

Auch die Überführung in eine Tabelle oder die Weiterbearbeitung in anderen Programmen ist mit dieser fehlerhaften Verwendung der Tabulatorfunktion nur mit viel Nachkorrektur möglich. Um diese Probleme zu vermeiden, sollten Sie auf die Verwendung der Standard-Tabstopps verzichten und eigene Tabstopps setzen. Dabei ist es ratsam, für jede Spalte jeweils nur ein Sprungziel einzurichten. Auf diese Weise stehen untereinander zusammengehörige Elemente nicht nur optisch

korrekt, sondern sie sind auch strukturell zusammengefasst. So können Schriftgrößen und die Tabstopp-Position und -Anzahl jederzeit bedenkenlos geändert
werden.

Sinnvolle Tabstopps
Ein manuell gesetztes Sprungziel wird über nur einen Tabula-
tor-Sprung erreicht.

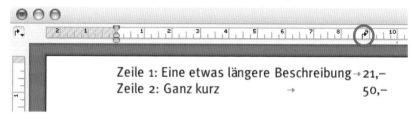

Tabulator oder Tabelle?

Bevor zur Tabulatorfunktion gegriffen wird, sollte genau überlegt werden, ob der
Inhalt nicht vielleicht zweckmäßiger mit einer echten Tabelle umzusetzen ist. Die
Tabulatorfunktion eignet sich nur für einfache Listen und Aufstellungen, bei denen
pro Eintrag maximal eine Zeile nötig ist.

Korrekter Tabulator-Einsatz
Diese einfache Liste kann
bedenkenlos mit Tabulatoren
umgesetzt werden.

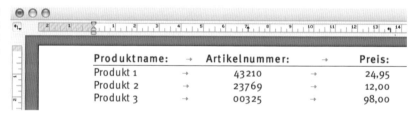

Sobald zusammengehörige Texte über mehrere Zeilen laufen, das heißt, formal
in eine Spalte einer Zeile gehören, sollte die Tabellenfunktion verwendet werden.
Anderenfalls kann schon ein Wechsel der Schriftgröße die Tabelle unbrauchbar
machen, und zusammengehörige Inhalte müssen mühselig wieder zusammenge-
führt werden.

Fragwürdiger Tabulator-Einsatz
Diese Liste sollte, wenn möglich, besser mit der Tabellenfunktion umgesetzt werden, da
die Tabulatoren zusammengehörigen Text strukturell auseinander reißen.

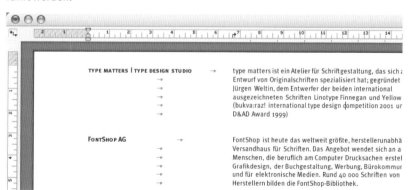

Wurde zum Beispiel von einem Verlag vorgeschrieben, Tabulatoren statt Tabellen zu verwenden, ist in jedem Falle besonders auf die oben beschriebene Problematik der Standard-Tabstopps zu achten, um die Inhalte zumindest strukturell korrekt anzulegen.

Ein Tabulator ist kein Einzug

Wer Einzüge von links durch mehrmaliges Drücken der Leertaste erzeugt, begeht einen typischen Anfängerfehler. Wer es dagegen vermeintlich besser weiß und die Tabulator-Taste einsetzt, ist trotzdem nicht immer auch auf der richtigen Fährte. Da ein am Zeilenanfang gesetzter Tabulator sich immer nur auf die aktuelle Zeile bezieht, sollte dies keinesfalls als Absatz-Einzug von links verwendet werden. Wenn die Zeile umbrochen wird, würde der Text auf der neuen Zeile nicht mehr eingezogen werden. Für Texteinzüge sind deshalb immer die dafür vorgesehenen Einstellungen unter EINZÜGE UND ABSTÄNDE zu verwenden.

2.1.4 Einzüge

Die Funktion von Einzügen ist die visuelle Strukturierung von Texten. Absätze lassen sich in Büchern mitteils Einzügen voneinander trennen, ohne Leerzeilen verwenden zu müssen, die das Textbild auseinander reißen würden. In Literaturverzeichnissen, Glossaren und anderen listenartigen Strukturen können Einzüge helfen, den Text schneller nach Schlagwörtern und Nummerierungen durchsuchen zu können, als dies in einem Fließtext möglich wäre.

Einzug von links   hängender Einzug von links

Wenn ein neues Dokument erstellt wird, entsprechen linker und rechter Einzug zunächst den Einstellungen des linken und rechten Seitenrandes. Es können aber für jeden Absatz oder jedes Absatzformat vom Seitenrand unabhängige Einzüge definiert werden. Man unterscheidet dabei den linken und rechten Einzug sowie den Erstzeilen-Einzug, der sich, wie es der Name vermuten lässt, immer nur auf die jeweils erste Zeile eines Absatz bezieht.

Einzüge definieren
Der linke Einzug (3), der Erstzeileneinzug (4) und der rechte
Einzug (5) sind unabhängig von
den Seitenrändern (1 und 2) und
können auch außerhalb des Seitenrandes liegen.

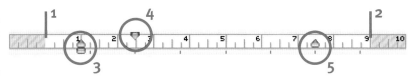

Die Einzüge können bei eingeschaltetem Lineal durch Verschieben der Anfasser bestimmt werden. Dabei ist zu beachten, dass der linke Einzug (3) den Erstzeilen- einzug stets mit verschiebt. Soll dieser separat bestimmt werden, muss er einzeln positioniert werden (4). Die numerische Einstellung der Einzüge erfolgt im Menü FORMAT unter ABSATZ oder direkt in der zugrunde liegenden Formatvorlage.

Einzug			
Links: 2	Extra:	um:	
Rechts: 5	Erste Zeile	1,25 cm	

Hier können die Werte für den linken und rechten Einzug eingetragen werden. Der Erstzeileneinzug wird indirekt durch seinen Abstand zum linken Einzug defi- niert. Der Wert unter UM: bestimmt den Abstand zum linken Einzug, die Auswahl zwischen ERSTE ZEILE und HÄNGEND, ob der Einzug der ersten Zeile positiv oder negativ ist.

Typischer Einzug für Bücher
Linker und rechter Einzug sind
auf Null gesetzt und entsprechen dem Satzspiegel des
Buches. Ein Erstzeileneinzug,
hier von 1 cm, leitet neue
Absätze ein.

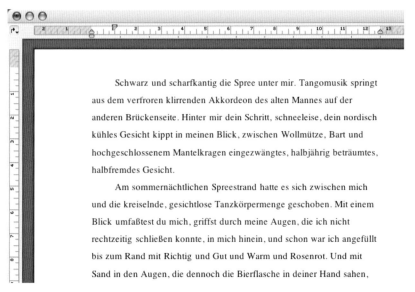

2.1.5 Abstände

Die Schreibmaschine bot kaum Möglichkeiten, auf Zeilen- und Absatzabstände Einfluss zu nehmen. Der Zeilenabstand war fest, und Abstände zwischen Absätzen ließen sich nur durch das Einfügen von Leerzeilen erreichen. Der heutige digitale Schriftsatz ermöglicht eine punktgenaue Einflussnahme auf sämtliche Abstände. Der Zeilenabstand legt den vertikalen Abstand zwischen Textzeilen fest. Standardmäßig wird von Microsoft Word der einfache Zeilenabstand verwendet. Der ausgewählte Zeilenabstand wirkt sich auf alle Textzeilen im markierten Absatz oder in dem Absatz mit der Einfügemarke aus.

Einfach	Der an die größte Schriftart in einer Zeile angepasste Zeilenabstand sowie ein kleiner Zwischenraum. Der Zwischenraum variiert je nach Schriftart.
1,5 Zeilen	Das Eineinhalbfache des einfachen Zeilenabstandes. In einem Text mit einem Schriftgrad von 10 Punkt beträgt der Zeilenabstand beispielsweise etwa 15 Punkt.
Doppelt	Das Doppelte des einfachen Zeilenabstandes.
Mindestens	Mindestzeilenabstand, den Word bei Bedarf erhöhen kann.
Genau	Fester Zeilenabstand. Bei Wahl dieser Option ist der Zeilenabstand überall gleich.
Mehrfach	Der Zeilenabstand, der um einen von Ihnen angegebenen Prozentsatz vergrößert oder verkleinert werden kann. Wenn Sie beispielsweise den Zeilenabstand auf 1,2 setzen, wird der Abstand um 20 Prozent vergrößert.
Maß	Vom Anwender gewählter Zeilenabstand. Diese Option ist nur verfügbar, wenn Sie im Feld Zeilenabstand die Option Mindestens, Genau oder Mehrfach ausgewählt haben.

Der Zeilenabstand wird in Word im Menü FORMAT, ABSATZ oder im betreffenden Absatzformat definiert.

Abstandseinstellungen
Eine kleine Vorschau zeigt symbolisch, wie sich der zu bearbeitende Absatz im Vergleich zu benachbarten Absätzen verhält.

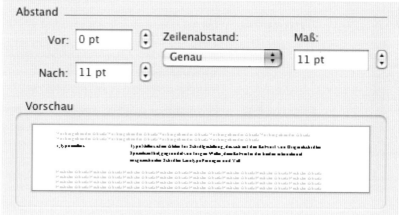

In diesem Menü kann auch der Abstand vor oder nach einem Absatz definiert werden. Speziell im Zusammenspiel mit Absatzformaten eröffnet sich hier eine komfortable Möglichkeit zur Strukturierung des Dokuments. Statt Abstände durch manuell eingefügte Leerzeilen oder geänderte Zeilenabstände zu bestimmen, können sämtliche Abstände zentral über die Formatvorlagen der Absätze verwaltet und jederzeit global geändert werden. Selbst wenn nach einem Absatz eine Leerzeile gewünscht ist, muss diese nicht manuell gesetzt werden. Stattdessen wird in der Formatvorlage ein Abstand nach dem Absatz definiert, der dem Zeilenabstand entspricht. Wenn ein Dokument auf diese Weise strukturiert wird, lässt es sich später problemlos in Satzprogramme von Verlagen und Werbeagenturen übernehmen oder in eine Internetseite umwandeln.

Registerhaltige Abstände

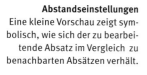

Registerhaltigkeit
Nicht registerhaltigiger Text (oben), ist bei durchscheinenden Papieren schlechter lesbar als der registerhaltige (unten).

Beim Satz von beidseitig bedruckten Büchern, Zeitschriften und ähnlichen Drucksachen ist bei den Zeilenabständen des Absatzes besonders auf die so genannte Registerhaltigkeit zu achten. Darunter versteht man, dass die Grundlinien der Zeilen auf beiden Seiten identisch verlaufen, um nicht auf der anderen Seite zwischen den Zeilen durchzuscheinen. Bei professionellen Satzprogrammen erleichtert ein festes Grundlinienraster die Ausrichtung der Zeilen. In Word und anderen Programmen, die nicht über ein Grundlinienraster verfügen, muss für die Registerhaltigkeit gegebenenfalls selbst gesorgt werden, indem ein genauer Zeilenabstand definiert wird und alle Zeilenabstände, auch die der Überschriften, und alle Abstände vor und nach Absätzen nur auf diesem Wert oder einem Vielfachen davon beruhen.

2.1.6 Manuelle Wechsel von Spalten und Seiten

Manuelle Wechsel sind spezielle Steuerzeichen, die in den laufenden Text eingefügt werden, um das Ende von Abschnitten, Spalten oder Seiten zu erzwingen.
Läuft ein Text über den unteren Seitenrand hinaus, legt das Textverarbeitungsprogramm selbstständig eine neue Seite an. Soll aber eine neue Seite schon begon-
nen werden, bevor der untere Seitenrand erreicht ist, kann dies über das Einfügen eines manuellen Seitenwechsels erreicht werden. Dies ist im Menü FORMAT,
MANUELLER WECHSEL möglich.

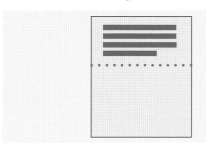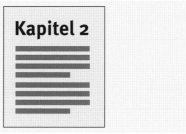

Manueller Seitenwechsel
Soll eine neue Seite vorzeitig
erzwungen werden, um zum
Beispiel dort ein neues Kapitel
zu beginnen, wird ein manueller
Wechsel eingefügt.

Die Anzahl der Spalten des laufenden Textes lässt sich über FORMAT, SPALTEN
bestimmen. Diese Einstellung bezieht sich standardmäßig auf den gesamten
Abschnitt oder das ganze Dokument. Um die Spaltenanzahl im laufenden Text
ändern zu können, ist das Einfügen eines Abschnittwechsels nötig.

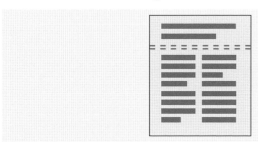

Manueller Abschnittswechsel
Ein als „fortlaufend" definierter
Abschnittswechsel ermöglicht
die Änderung der Spaltenanzahl.

Ist die Ansicht der verborgenen Steuerzeichen aktiviert (siehe Seite 79), werden
die Wechsel als einfach (Seiten- und Spaltenwechsel) oder doppelt (Abschnittswechsel) gepunktete Linie dargestellt.

2.1.7   Fußnoten

In der Regel dienen Fußnoten und Endnoten in gedruckten Dokumenten als Erläuterungen, Kommentare oder Verweise, mit denen ein Text erweitert werden kann. Fußnoten und Endnoten können zusammen in einem Dokument eingesetzt werden, um beispielsweise die Fußnoten für nähere Erläuterungen und die Endnoten für Quellenangaben zu verwenden. Endnoten werden am Ende eines Dokuments, Fußnoten am Ende jeder Seite eines Dokuments angezeigt. Eine Fußnote oder eine Endnote besteht aus zwei miteinander verknüpften Teilen, dem Fuß-/Endnotenzeichen – in der Regel eine hochgestellte Ziffer – und dem Fuß- bzw. Endnotentext. Fuß- und Endnoten können dabei automatisch nummeriert werden. Beim Entfernen oder Verschieben ändert Word die Nummerierung dann entsprechend der neuen Reihenfolge.

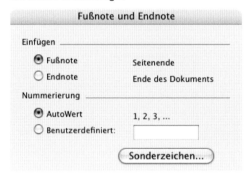

Um eine Fuß- oder Endnote zu erstellen, wird die Einfügemarke im laufenden Text an der Stelle positioniert, die mit einer Fuß- oder Endnote versehen werden soll. Unter EINFÜGEN, FUSSNOTE kann dann zwischen Fuß- und Endnote gewählt. Word legt daraufhin selbstständig einen Fuß- oder Endnotenbereich an, in den der Text der Fuß- oder Endnote eingetragen werden kann.

2.1.8   Seitenzahlen

Seitenzahlen müssen in Textverarbeitungsprogrammen niemals manuell gesetzt werden, sondern werden vom Programm verwaltet und ständig aktualisiert. In Word können die Seitenzahlen über EINFÜGEN, SEITENZAHLEN erzeugt werden.

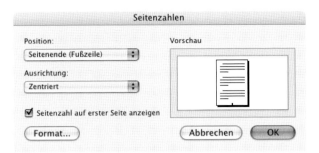

Es kann dabei Position, Ausrichtung und das Format der Seitenzahlen bestimmt werden.

2.1.9 Zusammenfassung/Checkliste

· Schalten Sie verborgene Steuerzeichen ein, um Satzfehler, manuelle Wechsel und so weiter sehen zu können.
· Vermeiden Sie mehrere Leerzeichen hintereinander.
· Vermeiden Sie mehrere Leerzeilen nacheinander. Verwenden Sie stattdessen die Abstandseinstellungen des Absatzes.
· Definieren Sie sämtliche Formatierungen nicht lokal im Text, sondern zentral in Zeichen- und Absatzformaten.
· Verwenden Sie Leerzeichen und Tabulatoren nicht als Einzug. Nutzen Sie die Einstellungen der Einzüge.
· Verzichten Sie auf die Standardtabstopps und setzen Sie eigene.
· Prüfen Sie im Voraus, ob tabellarische Auflistungen mit Tabulatoren oder Tabellen zu erstellen sind.
· Erzwingen Sie Seitenumbrüche nicht durch mehrere Leerzeilen, sondern die Definition eines manuellen Wechsels.
· Achten Sie bei beidseitig bedruckten Seiten auf die Registerhaltigkeit.
· Fügen Sie am Ende der Spalte keine manuellen Umbrüche oder Trennstriche ein. Nutzen Sie gegebenenfalls bedingte Trennstriche und lassen Sie die Silbentrennung vom Programm erzeugen.
· Erzeugen Sie Seitenzahlen, Fußnoten und Inhaltsverzeichnisse über die entsprechenden automatischen Funktionen des Textverarbeitungsprogramms.

ichen wird meist gar nicht als echtes Zeichen wahrgenommen, dennoch füllt seine Geschichte ganze Bücher (vergleiche zum Beispiel Space Between Words von Pa…

…eräumen zu einem angenehmeren Satzbild sowie einem besseren Verständnis des Textes, indem durch fein differenzierte Leerräume inhaltliche Trennungen und Bin…

nen in der Textverarbeitung muss man prinzipiell zwei Verfahren unterscheiden. Einerseits lassen sich spezielle Zeichen in den Text einfügen, die zwar kein Druckb…

…n aber noch weitere nützliche Zeichen, wie etwa das geschützte Leerzeichen, dass, wenn es zwischen zwei Elementen steht, einen Umbruch am Zeilenende verhin…

ich die Wahl besteht, ein Leerzeichen zu setzen oder nicht.

ihrem Wesen nach dazu gedacht, benachbarte Zeichen ineinander zu schieben, zum Beispiel, um zu große Weißräume zwischen den Zeichen zu verringern. Im Bleis…

…a im digitalen Satz die Werte der Unterschneidung aber nun negativ und positiv sein können, nutzt man diese Funktion heute auch garn, um fein abgestufte Leerrä…

nens, das als Platzhalter zwischen den Zeichen sitzt und so den Leeraum bestimmt, wird bei der Unterschneidung ein Wert definiert, der aussagt, wie nah oder weit…

…echsel der Schriftart verwirft alle getätigten Einstellung und setzt die Abstände wieder auf die Voreinstellungen der Schriftart zurück. Die Erzeugung von Leerr…

en Vorteil, dass Abstandszeichen bei Bedarf über Suchen-und-Ersetzen-Funktionen einfach geändert werden können…

ume haben verschiedene Funktionen: sie zeigen den Anfang und das Ende eines Wortes an und spielen damit eine entscheidende Rolle beim Lesen von Texten. D.
en. Moderne Textsatz-Programme verfügen deshalb über zahlreiche Möglichkeiten, Leerräume zwischen Zeichen und Wörtern zu definieren, derer man sich auch

bestimmte, vom Schriftgestalter oder der verwendeten Software definierte, Breite besitzen. Das bekannteste dieser Zeichen ist das Leerzeichen.
und Textsatzprogramme bieten außerdem noch eine Vielzahl weiterer Abstandszeichen an, die eine wesentlich feinere Abstufung ermöglichen, als dies zum Be

ie Schriftkegel der Zeichen tatsächlich physisch beschnitten werden, um zum Beispiel einen Kleinbuchstaben unter den oberen Bogen des „f" schieben zu kön
Zeichen zu erzeugen.
eißt deren virtuelle Schriftkegel, voneinander entfernt sind. Unbedingt zu beachten ist aber, dass sich die eingestellten Unterschneidungswerte meist nur auf
schneidung mag deshalb zwar meist die schnellere Arbeitsweise sein, aber nicht unbedingt die Beste. Die Verwendung von Abstandszeichen bietet, neben der be

Richtlinien zum Schriftsatz

3.1 Wichtiges vorab

3.1.1 Eingabe von Leerräumen

Das unscheinbare Leerzeichen wird meist gar nicht als echtes *Zeichen* wahrgenommen, dennoch füllt seine Geschichte ganze Bücher (vergleiche zum Beispiel *Space Between Words* von Paul Saenger). Leerräume haben verschiedene Funktionen: Sie zeigen den Anfang und das Ende eines Wortes an und spielen damit eine entscheidende Rolle beim Lesen von Texten. Darüber hinaus führt der bewusste Umgang mit Leerräumen zu einem angenehmeren Satzbild sowie einem besseren Verständnis des Textes, indem durch fein differenzierte Leerräume inhaltliche Trennungen und Bindung erzeugt werden. Moderne Textsatz-Programme verfügen deshalb über zahlreiche Möglichkeiten, Leerräume zwischen Zeichen und Wörtern zu definieren, derer man sich auch bedienen sollte.

Abstandszeichen oder Unterschneidung?

Abstandszeichen
Im digitalen Satz lassen sich wie im Bleitsatz Abstände durch das Einfügen nicht druckender Leerräume verschiedener Breiten erzeugen.

Zur Eingabe von Leerräumen in der Textverarbeitung muss man prinzipiell zwei Verfahren unterscheiden. Einerseits lassen sich spezielle Zeichen in den Text einfügen, die zwar kein Druckbild, dafür aber eine bestimmte, vom Schriftgestalter oder der verwendeten Software definierte Breite besitzen. Das bekannteste dieser Zeichen ist das Leerzeichen. Darüber hinaus existieren aber noch weitere nützliche Zeichen wie etwa das geschützte Leerzeichen, dass, wenn es zwischen zwei Elementen steht, einen Umbruch am Zeilenende verhindert. Viele Layout- und Textsatzprogramme bieten außerdem noch eine Vielzahl weiterer Abstandszeichen an, die eine wesentlich feinere Abstufung ermöglichen, als dies zum Beispiel bei Schreibmaschinen der Fall ist, wo lediglich die Wahl besteht, ein Leerzeichen zu setzen oder nicht.

Unterschneidung
Die Unterschneidung bestimmt den Abstand der benachbarten Schriftkegel ohne zwischengestellte Zeichen. Beim linken Beispiel liegen beide Kegel direkt aneinander. Bei negativer Unterschneidung (Mitte) werden die Kegel ineinander geschoben; bei positiver (rechts) rücken sie auseinander.

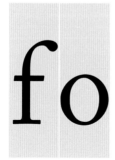   

Unterschneidungen sind ihrem Wesen nach dazu gedacht, benachbarte Zeichen ineinander zu schieben, zum Beispiel, um zu große Weißräume zwischen den Zeichen zu verringern. Im Bleisatz mussten dazu die Schriftkegel der Zeichen tatsächlich physisch *beschnitten* werden, um zum Beispiel einen Kleinbuchstaben unter den oberen Bogen des „f" schieben zu können – daher die Bezeichnung *Unterschneidung*. Da im digitalen Satz die Werte der Unterschneidung aber nun negativ und positiv sein können, nutzt man diese Funktion heute auch gern, um fein abgestufte Leerräume zwischen den Zeichen zu erzeugen. Statt eines eigenen Zeichens, das als Platzhalter zwischen den Zeichen sitzt und so den Leerraum bestimmt, wird bei der Unterschneidung ein Wert definiert, der aussagt, wie nah oder weit die Zeichen, das heißt deren virtuelle Schriftkegel, voneinander entfernt sind. Unbedingt zu beachten ist aber, dass sich die eingestellten Unterschneidungswerte meist nur auf die ausgewählte Schriftart beziehen. Schon ein Wechsel der Schriftart verwirft alle getätigten Einstellungen und setzt die Abstände wieder auf die Voreinstellungen der Schriftart zurück. Die Erzeugung von Leerräumen durch Unterschneidung mag deshalb zwar meist die schnellere Arbeitsweise sein, aber nicht unbedingt die beste. Die Verwendung von Abstandszeichen bietet neben der besseren Austauschbarkeit der Dokumente zudem den Vorteil, dass Abstandszeichen bei Bedarf über Suchen-und-Ersetzen-Funktionen einfach geändert werden können.

Für die in diesem Kapitel vorgestellten Richtlinien zum Schriftsatz müssen verschiedenste Sonderzeichen wie etwa geschütze Bindestriche oder diverse Abstandszeichen gesetzt werden. Da sich Eingabe und Verfügbarkeit dieser Zeichen in den verschiedenen Anwendungen stark unterscheiden, werden nachfolgend einleitende Hinweise zu einzelnen, gängigen Textsatz- und Layout-Applikationen gegeben. Es empfiehlt sich bei der Benutzung der Sonderzeichen, die in fast allen Programmen verfügbare Ansicht verborgener Steuerzeichen zu aktivieren. Nur so ist zum Beispiel die Unterscheidung zwischen normalem und bedingtem Bindestrich möglich. Für die Abstandszeichen wird in diesem Buch lediglich zwischen *Leerzeichen* und *geringem Leerraum* unterschieden. Wie groß ein geringer Leerraum sein sollte, hängt von vielen Faktoren ab, zum Beispiel von der verwendeten Schriftart, der Schriftgröße und vor allem der benutzten Laufweite. Es wurde deshalb bewusst auf die Nennung von konkreten Abstandswerten verzichtet, die in einem Fall richtig sein können, in einem anderen aber mehr Schaden als Nutzen anrichten. Der Anwender sollte sich hier besser auf ein gutes Augenmaß als auf starre Regeln und Zahlenwerte verlassen.

3.1.2 Programmspezifisches

Microsoft Word

Microsoft Word bietet als reines Textverarbeitungsprogramm beschränkte Möglichkeiten, das Layout des Satzes in allen Feinheiten zu kontrollieren. Dennoch bietet das Programm viele Funktionen und Möglichkeiten, die von vielen Word-Anwendern nur einfach nicht ausgenutzt werden.

—	Geviertstrich	BEFEHL+WAHL+Numerische Tastatur-
-	Halbgeviertstrich	BEFEHL+Numerische Tastatur-
-	Geschützter Trennstrich	BEFEHL+UMSCHALT+-
-	Bedingter Trennstrich	BEFEHL+-
	Em-Abstand	
	En-Abstand	
~	Geschütztes Leerzeichen	CTRL+UMSCHALT+LEERTASTE
©	Copyright	WAHL+G
®	Eingetragenes Warenzeichen	WAHL+R
™	Warenzeichen	WAHL+UMSCHALT+D
§	Paragraphenzeichen	UMSCHALT+3
¶	Absatz	WAHL+3
...	Auslassungspunkte	WAHL+.

Alle Abstands- und Sonderzeichen, die sich in Word verwenden lassen, können zentral über EINFÜGEN, SYMBOL, SONDERZEICHEN beziehungsweise EINFÜGEN, SONDERZEICHEN erreicht werden. Für einige Zeichen existieren auch voreingestellte Tastaturkürzel, die allerdings nur in Word, nicht aber in anderen Anwendungen funktionieren.

Sonderzeichen in Word
Für die Abstandszeichen sind in Word keine Tastaturkürzel voreingestellt. Wenn die Zeichen häufig benutzt werden sollen, können aber jederzeit eigene Kürzel definiert werden. Alle anderen hier nicht gezeigten Sonderzeichen können mit den betriebssystemweiten Tastaturkürzeln eingegeben werden.

(Num) bedeutet, dass hier die Taste des Nummernblockes verwendet werden muss.

Word: Sonderzeichen	Windows	Mac OS
— Geviertstrich	[Alt] [Strg] (Num)[-]	[⌘] [alt] (Num)[-]
– Gedankenstrich	[Strg] (Num)[-]	[⌘] (Num)[-]
- geschützter Bindestrich	[Strg] [⇧] [-]	[⌘] [⇧] [-]
- bedingter Bindestrich	[Strg] [-]	[⌘] [-]
Em-Abstand (Geviert)	über Symbol-Menü	über Symbol-Menü
En-Abstand (Halbgeviert)	über Symbol-Menü	über Symbol-Menü
¼-Abstand (¼ Geviert)	über Symbol-Menü	nicht verfügbar
- geschütztes Leerzeichen	[Strg] [⇧] [ ]	[ctrl] [⇧] [ ]
Umbruch ohne Absatzende ("weicher Umbruch")	[⇧] [↵]	[⇧] [↵]

Die in den Fonts enthaltene Unterschneidung ist in allen Word-Versionen leider generell deaktiviert. Für ein besseres Schriftbild sollte die Unterschneidung aber stets aktiviert sein. Dies geschieht für den jeweils markierten Bereich über FORMAT, ZEICHEN, ZEICHENABSTAND beziehungsweise FORMAT, SCHRIFTART, ZEICHENABSTAND. Noch effektiver ist es, von vornherein für die Standardformatvorlagen von Word die Unterschneidung fest zu aktivieren (in FORMAT, FORMATVORLAGEN). Dann gilt diese Einstellung auch für jedes neu zu erstellende Dokument. Auch in Word ist es übrigens – wenn auch etwas umständlich – möglich, den Abstand zweier oder mehrerer markierter Zeichen manuell zu ändern, das heißt, die in der Schrift voreingestellten Unterschneidungswerte beziehungsweise die gesamte Laufweite zu beeinflussen. Dazu wird der Cursor zwischen die betreffenden Zeichen gesetzt oder der gewünschte Bereich markiert, und über FORMAT, ZEICHEN, ZEICHENABSTAND kann bei LAUFWEITE der Abstand um einen bestimmten Wert verringert (SCHMAL) oder vergrößert (ERWEITERT) werden. Die Auswahl von NORMAL setzt die manuellen Änderungen notfalls wieder zurück.

Für den Satz von Telefonnummern, Maßeinheiten und so weiter werden im professionellen Schriftsatz gern Leerräume verwendet, die schmaler sind als ein volles Leerzeichen. Word bietet hier leider keine geeigneten Abstandszeichen an. Deshalb bleibt in Word meist keine andere Wahl als ein Leerzeichen zu benutzen oder, wie zuvor beschrieben, durch manuelle Unterschneidung der Zeichen den gewünschten Abstand zu erzeugen.

Adobe InDesign

Das Layout-Programm Adobe InDesign ist momentan die führende Anwendung, wenn es um anspruchsvollen Schriftsatz geht. Neben der umfassenden Open-Type-Unterstützung verfügt das Programm über zahlreiche sinnvolle Funktionen, mit denen der typografische Schriftsatz in allen Feinheiten beeinflussbar ist.

Die Unterschneidung kann mit diesen Tastaturkürzeln beeinflusst werden:

InDesign: Unterschneidung	Windows	Mac OS
Abstand verringern	[Alt] [←]	[alt] [←]
Abstand vergrößern	[Alt] [→]	[alt] [→]

Die numerische Änderung der Unterschneidung erfolgt bei aktiviertem Textwerkzeug in der Steuerungspalette.

Soll statt der Buchstabenabstände lieber nur der Wortzwischenraum des markierten Bereiches geändert werden, gelingt dies über folgende Tastaturkürzel. Die Buchstabenabstände bleiben dann unangetastet.

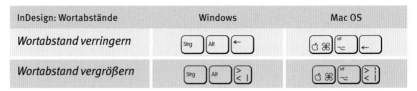

InDesign: Wortabstände	Windows	Mac OS
Wortabstand verringern	Strg Alt ←	⌘ alt ←
Wortabstand vergrößern	Strg Alt ><	⌘ alt ><

Die häufig gebrauchten Sonderzeichen können in InDesign über voreingestellte oder eigene Tastaturkürzel angesprochen werden. Wer sich die vielen Kombinationen nicht merken will, hat im Textmodus jederzeit im Kontextmenü (PC: rechte Maustaste, Mac: Ctrl-Klick) über den Menüpunkt SONDERZEICHEN EINFÜGEN einfachen Zugriff auf diese Zeichen.

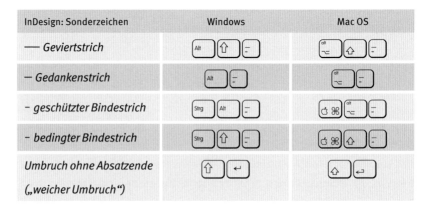

InDesign: Sonderzeichen	Windows	Mac OS
— *Geviertstrich*	Alt ⇧ -	alt ⇧ -
– *Gedankenstrich*	Alt -	alt -
- *geschützter Bindestrich*	Strg Alt -	⌘ alt -
- *bedingter Bindestrich*	Strg ⇧ -	⌘ ⇧ -
Umbruch ohne Absatzende ("weicher Umbruch")	⇧ ↵	⇧ ↵

Für die Eingabe von Anführungszeichen bietet InDesign eigene Tastaturkürzel an. Welche Zeichen benutzt werden, hängt von der für den Abschnitt eingestellten Sprache ab. InDesign benutzt also immer automatisch die korrekten Standard-Anführungszeichen der jeweiligen Sprache.

InDesign: Anführungszeichen	Windows	Mac OS
„ *Anführung öffnend*	Alt + Ö	alt + Ö
" *Anführung schließend*	Alt + ⇧ + Ö	alt + ⇧ + Ö
, *einfach öffnend*	Alt + Ä	alt + Ä
' *einfach schließend*	Alt + ⇧ + Ä	alt + ⇧ + Ä

Für weitere Informationen zum Satz der Anführungszeichen siehe auch Seite 145.

Zur Festlegung der Abstände zwischen den Zeichen verfügt InDesign über zahlreiche Abstandszeichen, die sich im Kontextmenü über LEERRAUM EINFÜGEN oder die entsprechenden Tastaturkürzel abrufen lassen.

InDesign: Abstandszeichen	Windows	Mac OS
■ *Geviert (Em-Abstand)*	Strg + ⇧ + M	⌘ + ⇧ + M
▮ *1/2-Geviert (En-Abstand)*	Strg + ⇧ + N	⌘ + ⇧ + N
▏ *1/8-Geviert*	Strg + Alt + ⇧ + M	⌘ + ⇧ + alt + M
▏ *1/24-Geviert*	Strg + Alt + ⇧ + I	⌘ + ⇧ + alt + I
geschütztes Leerzeichen	Strg + Alt + X	⌘ + alt + X
Ausgleichsleerzeichen	*über Kontext-Menü*	*über Kontext-Menü*
Ziffernleerzeichen	*über Kontext-Menü*	*über Kontext-Menü*
Interpunktionsleerzeichen	*über Kontext-Menü*	*über Kontext-Menü*

Das *Geviert* entspricht dabei der Breite des Schriftgrades. Bei einer Schriftgröße von 12 Punkt ist der Geviertabstand also 12 Punkt breit, der Halbgeviertabstand 6 Punkt und so weiter. Das *geschützte Leerzeichen* verhindert einen Zeilenumbruch an dieser Stelle. Das *Ausgleichsleerzeichen* erzeugt beim Blocksatz einen variablen Leerraum zwischen dem letzten Wort und einem Textabschnittsendezeichen, das zum Beispiel ein Symbol oder ein Schmuckschriftzeichen sein kann. Das *Ziffernleerzeichen* hat die Breite einer Ziffer und ist beim Zahlensatz in Tabellen hilfreich. Das *Interpunktionsleerzeichen* wiederum hat die Breite der Satzzeichen Ausrufezeichen, Punkt oder Doppelpunkt.

QuarkXPress

Das Programm QuarkXPress war vor allem in den neunziger Jahren *der* Standard im Satz- und Layoutbereich. Heute existieren mit QuarkXPress und Adobe InDesign zwei professionelle Satzprogramme mit jeweils eigenen Stärken und Schwächen, prinzipiell aber mit dem gleichen Funktionsumfang und Einsatzfeld.

Die Unterschneidung wird in QuarkXPress mit diesen Tastaturkürzeln beeinflusst:

Tastaturkürzel QuarkXPress
Alle im Folgenden gezeigten Kürzel beziehen sich auf Quark XPress 6 und höhere Versionen mit der eingestellten Programmsprache „Deutsch (Neue Rechtschreibung)" und aktivierter Type Tricks XTension. Andere Einstellungen können abweichende Kürzel nach sich ziehen.

XPress: Unterschneidung	Windows	Mac OS
Abstand verringern -10	[Strg] [⇧] [{]	[⌘] [ctrl] [⇧] [{]
Abstand vergrößern +10	[Strg] [⇧] [}]	[⌘] [ctrl] [⇧] [}]
Abstand verringern -1	[Strg] [⇧] [Alt] [{]	[⌘] [ctrl] [⇧] [⌥] [{] *(nur für versierte Klavierspieler empfohlen ...)*
Abstand vergrößern +1	[Strg] [⇧] [Alt] [}]	[⌘] [ctrl] [⇧] [⌥] [}]

Die voreingestellte Unterschneidung der Schriftarten lässt sich, wie in Microsoft Word, abhängig von der verwendeten Schriftgröße zuschalten. Hier sollte ein möglichst kleiner Wert eingestellt werden, damit die Unterschneidung immer aktiv ist.

Vorgaben-Fenster
Unter dem Punkt „Zeichen" lässt sich die Unterschneidung aktivieren und die Größe des Flexiblen Leerzeichens bestimmen.

☑ Unterschn. über: 4 pt   ☐ Standard–Geviert

Flex. Leerzeichen: 25%   ☑ Akzente für Versalien

Quark XPress verfügt über weniger Abstandszeichen als InDesign. Dafür bietet es mit dem *Flexiblen Leerzeichen* ein besonders nützliches Zeichen, auf das man bei der Arbeit mit QuarkXPress nicht verzichten sollte. Mit *flexibel* ist allerdings nicht gemeint, dass das Zeichen verschiedene Breiten annimmt, sondern vielmehr, dass sich dessen Breite in den Voreinstellungen selbst definieren lässt (am PC im Menü BEARBEITEN unter VORGABEN, ZEICHEN; am Mac im Menü QUARKXPRESS unter EINSTELLUNGEN, ZEICHEN). Sinnvoll ist hier, die voreingestellten 50 Prozent auf 25 zu setzen. Damit verfügt man über ein Achtelgeviert, das sich als Abstandszeichen für Abkürzungen, Daten und so weiter einsetzen lässt.

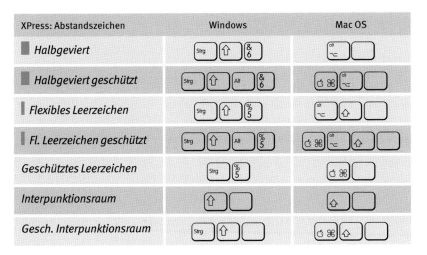

XPress: Abstandszeichen	Windows	Mac OS
▮ Halbgeviert	Strg ⇧ &6	alt ⌐
▮ Halbgeviert geschützt	Strg ⇧ Alt &6	⌘ alt⌐
❙ Flexibles Leerzeichen	Strg ⇧ %5	alt⌐ ⇧
❙ Fl. Leerzeichen geschützt	Strg ⇧ Alt %5	⌘ alt⌐ ⇧
Geschütztes Leerzeichen	Strg %5	⌘
Interpunktionsraum	⇧	⇧
Gesch. Interpunktionsraum	Strg ⇧	⌘ ⇧

Die korrekte Formatierung der Anführungszeichen kann QuarkXPress überlassen werden, sofern im Vorgaben-Fenster unter INTERAKTIV die gewünschten Anführungszeichen ausgewählt wurden. Auch für den Apostroph wird dann automatisch das richtige Zeichen gesetzt.

Einige Tastaturkürzel für Sonderzeichen in QuarkXPress:

XPress: Sonderzeichen	Windows	Mac OS
—— Gesch. Geviertstrich	Strg Alt ⇧ °^	alt⌐ ⇧ -
— Gedankenstrich	Strg °^	alt⌐ -
- Geschützter Bindestrich	Strg *+~	⌘ =
- Bedingter Bindestrich	Strg -	⌘ -
Umbruch ohne Absatzende („weicher Umbruch")	⇧ ↵	⇧ ↵

3.2   Satzzeichen

Bevor man wie in diesem Kapitel Regeln vorstellt, muss man sich die Frage gefallen lassen, wer diese Regeln überhaupt aufgestellt hat. Im Falle von typografischen Satzregeln ist dies oft weder einfach noch verallgemeinernd zu beantworten. Viele Regeln haben sich über Jahrzehnte und Jahrhunderte im Handwerk der Setzer und Drucker gebildet. Grundlage dafür waren meist Überlegungen zur besseren Lesbarkeit und zur Erstellung eines ausgewogenen, sinnvoll und logisch gegliederten Satzbildes. Andere Regeln sind in der Entwicklung unserer Sprache und unserer Zeichen begründet. Hieraus resultieren Forderungen der Rechtschreibung und Grammatik, die sich auch in Satzregeln niederschlagen. Beispiele dafür sind die oft sprachgebundenen Anführungszeichen oder der Buchstabe Eszett, der historisch gesehen eine Verbindung zweier Kleinbuchstaben darstellt und somit nicht als Großbuchstabe gesetzt werden darf. Obgleich gerade die Deutschen gern für alles Normen festsetzen, sind typografische Satzregeln bis heute nicht normiert. Zwar existieren den Schriftsatz betreffende DIN-Normen (zum Beispiel die DIN 5008), diese sind aber leider bis heute kaum über den Stand der alten „Schreibmaschinen-Typografie" hinausgewachsen und somit für den modernen Schriftsatz kaum geeignet, der längst alle Feinheiten der klassischen Buchtypografie ermöglicht.

Typografie ist die Lehre vom richtigen Maß. Demzufolge sollten typografische Satzregeln ihrem Wesen nach eher als Richtlinien denn als ein starres Korsett betrachtet werden. Wer Schrift setzt, sollte nicht nur die Regeln, sondern auch deren Funktion kennen, um gegebenenfalls Anpassungen vornehmen zu können. Denn oft lassen sich zum Beispiel Regeln zur Festlegung von Abständen nicht verallgemeinern, da sie sich je nach Schriftart und Anwendung unterscheiden. Hier ist dann nicht das starre Einhalten von Regeln, sondern das Augenmaß des Anwenders und das Bewusstsein für den Zweck des zu erstellenden Textes gefordert.

3.2.1 Zweck und Herkunft der Satzzeichen

Wörter, ohne jedes Satzzeichen aneinander gereiht, ähneln den verschwommenen Wandbildern von Rolf Harris, die man betrachtet und den Kopf schief legt, weil man nicht erkennt, was sie eigentlich zeigen.

Lynne Truss

Der amerikanische Geschäftsmann Timothy Dexter schrieb gegen Ende des 18. Jahrhunders in Ermangelung ausreichender Grammatik-Kenntnisse ein Buch ohne jegliche Satzzeichen Nachdem sich immer wieder über die schlechte Lesbarkeit beklagt wurde erweiterte er die zweite Auflage um Punkte Kommata Semikolons und andere Satzzeichen Der Haken war Statt diese Zeichen im Text einzusetzen fügte er sie alle auf einer zusätzlichen Seite ein die nichts als diese Satzzeichen enthielt zusammen mit dem Hinweis an die Leser *To pepper and salt it as they please* . , , , . : , , , : .

Wie dieses Buch enthielten auch die Schriften der Antike lange Zeit keinerlei Satzzeichen – nicht einmal die Trennung von Wörtern über Leerräume wurde benutzt. MANSCHRIEBBUCHSTÄBLICHOHNEPUNKTUNDKOMMA.

„scriptio continua"
Fortlaufende griechische Inschrift aus Delphi, die weder Satzzeichen noch Leerräume benutzt.

Zwar verfügten bereits die frühen Alphabet- und Silbenschriften des Mittelmeerraumes über Worttrenner und einfache Interpunktionssysteme, das Lesen in der Antike war aber noch vollständig in der Mündlichkeit verwurzelt. Es diente der Konservierung der gesprochenen Rede und wurde stets vorgelesen – langsam und laut, wie das Lesen eines Kindes heute, das gerade erst Lesen und Schreiben lernt. Das schnelle Lesen liegt heute darin begründet, dass das Auge in sprunghaften Zügen über die Zeile gleitet und dabei charakteristische Wortbilder erfasst, die durch die Ober- und Unterlängen unserer Kleinbuchstaben gebildet werden. Die antiken Texte in Großbuchstaben müssen dagegen eher buchstabenweise gelesen werden. Diese Art des Lesen machte Interpunktion nahezu überflüssig, da der Sinn des Textes durch das Sprechen und Hören beim Vorlesen erfasst wurde. Deshalb setzte sich die fortlaufende Schreibweise *(scriptio continua)* ohne Leerräume und Interpunktion durch und war der dominierenden Schreibstil der Antike über mehrere Jahrhunderte.

Römische Schreiber benutzten allerdings bereits im ersten Jahrhundert vor Christus Punkte, um Wörter voneinander abzugrenzen. Diese Punkte wurden auf Papyrus und Pergament buchstäblich zwischen die einzelnen Zeichen des Textes *eingestochen* und gaben der Interpunktion bis heute ihren Namen: lateinisch *interpungere* bedeutet „dazwischenstechen".

Römische Inschrift
aus der Zeit Christi
Dieser Marmorstein zu Ehren
des Kaisers Augustus benutzt
Punkte als Worttrenner.

Um die langen Buchstabenreihen für den mündlichen Vortrag zu gliedern, waren aber Satzzeichen hilfreich, die Rhythmus und Tempo der gesprochenen Rede abbilden können. Der Grieche Aristophanes von Byzanz entwickelte mit den *distinctios* den Vorläufer unseres heutigen Satzschlusspunktes. Je nachdem, ob diese Punkte unten, in der Mitte oder am oberen Ende der Zeile ausgerichtet war, verdeutlichten sie eine kurze, lange oder sehr lange Pause.

Erst im frühen Mittelalter befreite sich die Schrift langsam von der Mündlichkeit und wurde nun als eigenes Medium verstanden, das sich auch ohne die gesprochene Rede direkt an den Leser richten konnte. Für das stille Lesen wurde der dafür nötige Wortzwischenraum wieder eingeführt, und in den Schreibstuben des europäischen Raumes entstanden unzählige Formen und Varianten von Satzzeichen. Zudem wandelte sich der Zweck der Interpunktion langsam von seiner ehemals rhythmisch-intonatorischen Funktion hin zu einer syntaktisch-grammatikalischen, wie wir sie heute kennen.

Mit der Erfindung und dem explosionsartigen Erfolg des Buchdruck mit beweglichen Lettern verbreitete sich dann zwangsläufig eine umfassende Standardisierung, die den Variantenreichtum der Interpunktion aus den mittelalterlichen Schreibstuben ablöste.

Beschreibung der Venediger Co-
mun/ Vrsprung vnd Regierung /wie das
erwachsen / vnd bis anher erhalten
ist worden.
Durch Donatum Gianottn Florenthinern.

Der erst Dialogus.
Vnderredner.
Herr Trifon Gabriel/Vnd Johannes Borgerinus.

Ie jenigen / so der Menschen
gebrauch zuuernemen begirig sind /
pflegen andere vnd frembde Landt
vnd Stedt zudurchziehen / zubese-
hen / vnd was sy darin Jres erach-
tens theur / vnd vbertrefflicher wirde
halb vnbetracht mit fürzuschreitten
befinden / vleissig zubeschreibn /Auf
das Sy durch derselben erkantnus /
mit allain destaufmerckiger vnd ge-
schickter/ Sonder auch den Jenigen rais/ So die Mauren Jres
Vatterlands mit lassen / lieblich vnd fruchtbar werde. Aus
dem kombt/das Jr vil die gemainen vnd besonderen gepew abne-
men: Etlich die alten Begrebnussen verzaichnen: Ander befleis-
sen sich zuerfaren/ ob was theurs von disem oder Jenem Landt
herkomb: Etlich bringen beschriben/ wann Sy etwo ain Stadt/
von natur/ oder künstlicher erbawung vngewöinlich befunden:
Ain Jeder verzaichnet das/zudem Er von natur mer lusts gat/
Oder aber das/welches erzelung er zum lustigisten vn wunder-
lich zuhörn acht.   Von ainem sölchen löblichen brauch/hab ich
mich auch mit absöndern wellen/ Sonder beschlossen / etwas zu
gedechtnus in die schrifft zubringen/ Aus dem mit allain obge-
A 2   sagte

Satzzeichen im 16. Jahrhundert
Frakturkursiv von 1557 mit Virgel, Punkt, Doppelpunkt und Bindestrichen

In der zweiten Hälfte des 18. Jahrhunders bot die Zeichensetzung schon weitgehend das heutige Bild. Die Satzzeichen schufen nun eine klare grammatikalisch-logische Gliederung nach dem Prinzip der Neben- und Unterordnung und Frage- und Ausrufezeichen, Apostroph und Bindestrich komplettieren den Vorrat an Interpunktionszeichen. Konrad Duden behandelte die Satzzeichen 1903 in seinem berühmten *Buchdruckerduden.* Die darin aufgestellten Richtlinien flossen allerdings erst 1915 in die Auflage der allgemeinen Rechtschreibung ein und wurden seit dem immer wieder angepasst und erweitert, wodurch die Komplexität der Regeln zunahm. Erst die Neuregelungen der deutschen Rechtschreibung im Jahr 1996 führten in einigen Bereichen zu einer Vereinfachung der Zeichensetzung.

Die deutsche Zeichensetzung umfasst heute 12 Zeichenanwendungen:

Satzschlusszeichen

Punkt

Fragezeichen

Ausrufezeichen

Ellipse (je nach Anwendung)

Satzmittezeichen

Komma

Semikolon

Gedankenstrich

Doppelpunkt

paarige Satzzeichen

paariges Komma

paariger Gedankenstrich

Klammer

Anführungszeichen

„Die Kunst der Zeichensetzung ist beim Schreiben von unendlicher Konsequenz; sie trägt zur Verständlichkeit und, in der Folge, zur Schönheit jeder Komposition bei."

Joseph Robert, 1785

Alle vorstehend genannten Zeichen besitzen eine Grenz- und Gliederungsfunktion innerhalb des geschriebenen oder gedruckten Textes und ermöglichen das rasche Überblicken von komplexen Satzstrukturen. Darüber hinaus können Satzzeichen kommunikative Bezüge herstellen und die Aussageabsicht des Schreibenden unterstützen. So bestimmt in manchen Fällen allein die Wahl des Satzschlusszeichens, ob der Satz als Aussage, Frage oder Ausruf gemeint ist, und ein Komma kann entscheidenden Einfluss auf den Sinn eines Satzgefüges haben:

Ich kenne die Antwort, nicht aber die Frage.
Ich kenne die Antwort nicht, aber die Frage.

Die Regeln für die Verwendung der Satzzeichen sind Teil der Orthographie und besitzen somit einen ähnlich hohen Verbindlichkeitsgrad wie die Regeln zur Schreibung der Wörter.

3.2.3   Der Punkt

„Seit langem bin ich der festen Überzeugung, dass gerade die kleinen Dinge bei weitem die wichtigsten sind. "

Sir Arthur Conan Doyle

Der *punctus* ist eines der ersten Satzzeichen überhaupt und wurde in seiner weit über zweitausendjährigen Geschichte vielfältig, zum Beispiel als Worttrenner, Pausenzeichen und Schlusszeichen, verwendet. In manchen Anwendungen waren auch ganze Sinnabschnitte mit einem Punkt gekennzeichnet, weshalb wir zum Beispiel noch heute oft von den „Punkten" einer Tagesordnung, Rede und so weiter sprechen.

Der Punkt als Schlusspunkt

Der Punkt ist in erster Linie ein Schlusszeichen und kennzeichnet das Ende von Sätzen und eigenständigen Sinneinheiten. Der Punkt steht ohne Abstand nach dem letzten Zeichen des Satzes, und ihm folgt ein Leerzeichen.

Schlusspunkt von Sätzen	Windows	Mac OS
Gemeine Schusterjungen mit Gänsefüßchen sperren sich gegen den Umbruch.█Grotesk.	⌷	⌷

Nach frei stehenden Zeilen wie Überschriften oder Titel von Gesetzen, Verträgen und so weiter sowie bei unvollständigen Bildunterschriften und Fußnoten kann der Schlusspunkt in der Regel entfallen.

Kein Schlusspunkt
Bundespräsident auf Nahost-Reise
Das große Handbuch der Zitate
Internationaler Ärztekongress

Der Punkt als Abkürzungspunkt

Der Punkt kann die Abkürzungen einer oder mehreren Wörter anzeigen.

Abkürzungen mit Punkt	
z. B.	*(gelesen: zum Beispiel)*
usw.	*(gelesen: und so weiter)*
vgl.	*(gelesen: vergleiche)*

Der Punkt als Kennzeichnung der Ordnungszahl

Der Punkt steht nach Zahlen, um sie als Ordnungszahlen (zum Beispiel erster, zweiter und so weiter) zu kennzeichnen. Der Punkt wird ohne Abstand hinter die Zahl gesetzt; danach folgt ein Leerzeichen.

Der Punkt bei Ordnungszahlen
der 1. FC Köln
der 50. Geburtstag
der 2. Weltkrieg

Der Punkt in mehrstelligen Zahlen

Der Punkt kann zur Gliederung verwendet werden, wenn Zahlen sich aus mehr als drei Ziffern zusammensetzen. Da der Punkt hier aber leicht für einen Dezimaltrenner gehalten werden kann, ist in der Regel die Gliederung über einen Leerraum zu bevorzugen.

Der Punkt zur Zahlengliederung

2.450.000 Einwohner

besser: 2 450 000 Einwohner

Der Punkt zur Benummerung

Der Punkt kann des Weiteren zur Nummerierung von Absätzen und Abschnitten verwendet werden. Dabei werden sie durch Punkte ohne Leerraum voneinander getrennt. Nach der jeweils letzten Zahl sollte kein Punkt mehr folgen.

Der Punkt zur Benummerung

1   Geschichte und Grundlage

1.1   Begriffserklärungen

1.2   Zeichenkodierung

1.2.1 Grundlagen der Kodierung von Zeichen

1.2.2 ASCII – die Basis aller Zeichensätze

3.2.4 Das Fragezeichen

Das Fragezeichen verbreitete sich als *punctus interrogativus* bereits im 9. Jahrhundert mit den Schreibreformen Karls des Großen und des Gelehrten Alkuin von York. Das ursprünglich sehr schräge, ausladende Zeichen nimmt seit dem Buchdruck dann seine bis heute bekannte, aufrechte Form an.

In der deutschen und vielen anderen Sprachen, deren Schriften auf dem lateinischen Alphabet beruhen, bezeichnet es das Ende eines Fragesatzes und verdeutlicht damit oft die Anhebung der Stimme im Gesprochenen. Das Fragezeichen wird als Satzzeichen in direkten Fragensätzen verwendet, auch in jenen rhetorischen, die keine Antwort erwarten.

Direkte Fragesätze	Windows	Mac OS
Wie komme ich zum Bahnhof?	⇧ ？ß \	⇧ ？ß
Machst du bitte das Fenster zu?		

Ebenfalls mit Fragezeichen gebildet werden Ausrufesätze, bei denen ein Fragewort eingeschoben, vor- oder nachgestellt ist.

Ausrufesätze mit Fragezeichen
Du bist umgezogen, nicht wahr?
Du hast was getan?

In indirekten Fragesätzen steht kein Fragezeichen.

Indirekte Fragesätze

Ich frage mich, ob es heute regnen wird.

Das Fragezeichen folgt in der Regel dem letzten Zeichen des Satzes ohne Abstand; danach wird Leerzeichen gesetzt. Abhängig von der verwendeten Schriftart und den betroffenen Buchstaben kann es aber auch erforderlich sein, generell oder nur bei bestimmten Buchstaben, einen geringen Abstand zwischen dem letzten Zeichen des Satzes und dem Fragezeichen einzufügen, wenn diese zu eng zueinander stehen.

Fragezeichen mit Spationierung

Reicht der Abstand hier schon aus? Ja, problemlos!

Wieviel man notfalls spationieren darf? Geschmackssache!

Ein innerhalb des Satzes eingeklammertes Fragezeichen verdeutlicht eine unbewiesene oder angezweifelte Aussage.

Eingeklammertes Fragezeichen

Sie wurde 85 (?) Jahre alt.

Er hat sich seinen Erfolg ehrlich (?) erarbeitet.

In der spanischen Grammatik wird auch der Beginn eines Fragesatzes mit einem Fragezeichen kenntlich gemacht, das allerdings auf dem Kopf steht. Auf diese Weise weiß der Leser schon, dass es sich um einen Fragesatz handelt, bevor das Satzende erreicht ist.

Umgekehrtes Fragezeichen	Windows	Mac OS
¿Qué tal estás?	Alt 0 1 9 1	⇧ ?ß\

3.2.5 Das Ausrufezeichen

Das Ausrufezeichen verleiht Aufforderungen oder Wünschen besonderen Nachdruck oder kennzeichnet einen Ausruf.

Ausrufe, Wünsche, Aufforderungen	Windows	Mac OS
Wie schön!	⇧ !	⇧ !
Bitte nicht stören!		
Schönes Wochenende!		
Ach!		

Mehrfache Ausrufezeichen hintereinander sind in jedem Falle zu vermeiden.

Schlechter Einsatz des Ausrufezeichens
bitte nicht: Ausverkauf!!! Alles zum halben Preis!!!

Kein Ausrufezeichen steht bei abhängigen Aufforderungssätzen.

Abhängige Aufforderungssätze
Er sagt, du sollst das Haus verlassen.
aber: Verlass das Haus!

Das Ausrufezeichen steht nach stark verkürzten Sätzen, die eine wichtige Mitteilung enthalten.

Ausrufezeichen bei verkürzten Sätzen

Kein Kommentar!

Rauchen verboten!

Gratis!

Geheim!

Das Ausrufezeichen folgt in der Regel dem letzten Zeichen des Satzes ohne einen Abstand; danach wird ein Leerzeichen gesetzt. Wie beim Fragezeichen kann der Abstand vom letzten Zeichen des Satzes zum Ausrufezeichen unter Umständen manuell vergrößert werden.

Ausrufezeichen mit Spationierung

Hallo!

Schau her! So sieht es vielleicht besser aus.

Ein innerhalb des Satzes eingeklammertes Ausrufezeichen verdeutlicht Zweifel oder eine besondere Betonung des vorangestellten Wortes beziehungsweise der Wortgruppe.

Eingeklammertes Ausrufezeichen

Sie haben schon 120 000 (!) CDs verkauft.

Er will die 100 Meter in 10,2 Sekunden (!) gelaufen sein.

Im Spanischen wird auch der Beginn eines Ausrufes mit einem umgekehrten Ausrufezeichen kenntlich gemacht, gegebenenfalls auch mitten im Satz.

Umgekehrtes Ausrufezeichen	Windows	Mac OS
Una cerveza ¡por favor!	Alt 0 1 6 1	alt ¡

3.2.6 Der Doppelpunkt

Das griechische Kolon („Körperglied") wurde zunächst zur Trennung von Sinnab-
schnitten innerhalb von Sätzen und Versen verwendet. Im Deutschen begrenzte
das Kolon später größere Sinnabschnitte, während für kleinere das Semikolon,
das halbe Kolon, verwendet wurde. Heute bildet das Kolon, umgangssprachlich
auch Doppelpunkt genannt, ein so genanntes Übergangszeichen, das in der Regel
einen folgenden Teilsatz ankündigt.

Der Doppelpunkt als Ankündigungszeichen

Beim Einsatz des Doppelpunkts als Ankündigungszeichen wird kein Leerraum vor
dem Zeichen gesetzt – danach folgt ein Leerzeichen.

Doppelpunkt als Ankündigungszeichen	Windows	Mac OS
Merke: rechts vor links!	⇧ :	⇧ :
Bei Problemen: Ein Anruf genügt.		
Zutaten: Kartoffeln, Salz, Pfeffer		
Telefon: (030) 70 80 24		

Nach dem Doppelpunkt kann Groß- oder Kleinschreibung folgen. Man schreibt groß, wenn wörtliche Rede oder ein selbstständiger Satz folgt.

Großschreibung nach Doppelpunkt

Renner sprach zu Otl Aicher: „Mach doch die Kurven etwas weicher!" Darauf sagter Aicher: „Paul, dafür bin ich heut' zu faul." *(aus FontShop: Small Caps Talk)*

Nach dem Doppelpunkt wird klein weitergeschrieben, wenn Wortgruppen oder unselbstständige Einzelwörter folgen.

Kleinschreibung nach Doppelpunkt

Geöffnet: werktags zwischen 9 und 18 Uhr

Der Doppelpunkt als Verhältniszeichen

Der Doppelpunkt kann bei Verhältnisangaben als Ersatz für *zu* geschrieben werden. Dabei wird ein Leerzeichen oder ein verringerter Abstand vor und nach dem Doppelpunkt gesetzt. In Fließtexten ist ein geschütztes Leerzeichen zu verwenden, um den Umbruch der Verhältnisangabe zu verhindern.

Doppelpunkt bei Verhältnisangaben

Maßstab 1 : 500 000 *oder* 1:500 000

ein 5 : 1-Sieg *oder* 5:1-Sieg

die Chancen stehen 50 : 50 *oder* 50:50

Der Doppelpunkt bei Zeitangaben

Bei der Angabe von Uhrzeiten und Zeitdauern kann der Doppelpunkt als Trennzeichen verwendet werden. In diesem Fall wird vor und nach dem Zeichen kein Leerraum eingefügt.

Doppelpunkt bei Zeitangaben

12:38 Uhr

Der Marathon-Weltrekord liegt bei 1:10:34 Stunden

3.2.7 Das Semikolon

Das Wort Semikolon leitet sich aus dem lateinischen semi („halb") und kolon („Glied") ab. Auch Strichpunkt genannt, nimmt es eine Mittelstellung zwischen Punkt und Komma ein. Es kann in relativ freiem Ermessen des Schreibenden eingesetzt werden, wenn ein Komma zu schwach oder ein Punkt zu stark trennen würde. Außerdem erleichtert das Semikolon die Übersichtlichkeit und Verständlichkeit bei Aufzählungen.

Das Semikolon kann gleichrangige Sätze abgrenzen, aber nicht Haupt- und Nebensatz. Nach dem Zeichen folgt ein Leerzeichen.

Semikolon zwischen Hauptsätzen	Windows	Mac OS
Die Anmeldung erfolgt schriftlich; die Frist beträgt zwei Wochen.	⇧ ;	⇧ ;

Das Semikolon kann bei längeren Aufzählungen eingesetzt werden, um diese durch Abgrenzung gleichrangiger Wortgruppen zu gliedern.

Semikolon bei Aufzählungen
Unsere Reisen führte uns nach Amsterdam, Niederlande; London, England; Belfast, Nordirland und Inverness, Schottland.
Teilnehmer: Bauer, Frank; Müller, Susanne; Beyer, Peter

3.2.8 Das Komma

„Ich träume von einer Welt, in der man für ein Komma stirbt."

Émile Michel Cioran

Das lateinische comma und das griechische kómma stehen für „Schlag" oder „Einschnitt". Das Zeichen diente meist zur Anzeige von kleinen Pausen oder zur Unterteilung von Sätzen in Sinnabschnitte. Im Deutschen dient das Komma heute vor allem der optischen Gliederung, indem es die Struktur des Satzgefüges sichtbar macht. So ist folgender Satz mit fehlenden Kommata beim ersten Lesen verwirrend, weil mehrdeutig: *Die Mutter las das Buch auf den Knien der Tochter eine Gute-Nacht-Geschichte vor.* Erst mit der Kommasetzung wird der Satz eindeutig bezüglich der Frage, auf wessen Knien das Buch nun liegt.

Komma zur optischen Gliederung	Windows	Mac OS
Die Mutter las,▌das Buch auf den Knien,▌der Tochter eine Gute-Nacht-Geschichte vor.	⌑	⌑

Das Komma ist nicht nur eines der häufigsten Interpunktionszeichen, sondern auch jenes, dessen Regeln die meisten Schwierigkeiten bereiten. Die nachfolgenden Beispiele zum Einsatz des Kommas können lediglich einen Auszug aller Komma-Regeln vorstellen.

Das Komma zwischen Sätzen

Das Komma grenzt Haupt- und Nebensätze ab, die nicht anderweitig, zum Beispiel durch „und", verbunden sind.

> Komma zwischen Sätzen
>
> Das Licht geht aus, die Vorstellung beginnt.
>
> Ich weiß nicht, was ich anfangen soll.

Das Komma bei Teilen, die außerhalb des Satzes stehen

Wörter und Wortgruppen, die außerhalb des eigentlichen Satzes stehen, werden durch Komma abgetrennt.

> Komma bei Teilen, die außerhalb des Satzes stehen
>
> Guten Tag, mein Name ist de Groot.
>
> Nein, Herr Spiekermann, dieser Termin passt mir nicht.
>
> Ach, das ist ja schade!

Das Komma bei Zusätzen

Zusätze unterbrechen den Fluss des Satzes und werden deshalb durch Kommas vom Rest des Satzes abgegrenzt. Der Zusatz kann dabei entweder eingeschoben oder nachgestellt sein.

> Komma bei Zusätzen
>
> Das ist die Zapfino, eine Schrift von Hermann Zapf.
>
> Die Zapfino, eine Schrift von Hermann Zapf, besitzt viele Ligaturen und Ornamente.

Das Komma bei Infinitiv- und Partizipgruppen

Infinitivgruppen, die durch ein hinweisendes Wort angekündigt oder aufgenommen werden, trennt man durch ein Komma ab.

> Komma bei Infinitivgruppen
>
> Jetzt kommt es *darauf* an, ein Zeichen zu setzen.

Partizipien, die mit einer näheren Bestimmung verbunden sind und durch ein hinweisendes „so" angekündigt werden, oder so in den Satz eingeschoben werden, dass sie ihn unterbrechen, werden mit Komma abgetrennt.

Komma bei Partizipgruppen

So bepackt, den Rucksack auf dem Rücken,

begannen wir unsere Reise.

Sie ging hinaus, tödlich beleidigt.

Das Komma bei Aufzählungen

Eine weitere Funktion des Kommas ist die Bildung von Aufzählungen. Beim Einsatz des Zeichens wird kein Leerraum vor dem Komma gesetzt – danach folgt ein Leerzeichen.

Komma bei Aufzählungen

Typische Satzfehler des Bleisatzes sind:

Zwiebelfisch, Schusterjunge, Hurenkind und Läusefraß.

Das Komma als Dezimaltrenner

Bei Dezimalzahlen werden die ganzen Zahlen von den Nachkomma-Stellen durch das Komma getrennt. Das Komma wird dabei ohne Leerraum vor oder nach dem Zeichen gesetzt.

Komma bei Zahlen

Breite: 12,45 cm

Preis: 25,– EUR

3.2.9 Die Ellipse (Auslassungszeichen)

Die Ellipse ist ein Zeichen, das eine Auslassung zwischen oder nach Ausdrücken verdeutlicht. Die Ellipse kann dabei sowohl für Wortteile, ein Wort, Wortgruppen oder ganze Sätze stehen. Ersetzt das Zeichen einen Wortteil, schließt es direkt an den letzten Buchstaben an.

Ellipse bei Wortteilen	Windows	Mac OS
Diese verfl…⬛Lied geht mir einfach nicht aus dem Kopf.		

Ersetzt die Ellipse Wörter oder Wortgruppen, wird sie mit einem Leerzeichen vor und nach dem Zeichen gesetzt. Wird die Ellipse, wie häufig zu sehen, direkt an an das letzte Wort angehangen, ist man beim Lesen unter Umständen versucht, ein unvollständiges Wort in Gedanken zu ergänzen.

Ellipse bei Wörtern und Wortgruppen

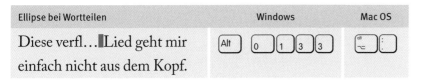

Er kam, sah und⬛…⬛

…⬛leben in Weimar

falsch: …leben in Weimar

Ellipse mit oder ohne Abstand?
Wird das Auslassungszeichen
direkt an das Wort gesetzt, ist
dem Leser angezeigt, einen fehlenden Wortteil in Gedanken zu
ersetzen. Welcher ist bei diesem
Bauschild wohl gemeint?
Auf- oder Ableben?

Bei ausgelassenen Textpassagen in Zitaten kann die Ellipse zusätzlich durch Klammern umschlossen werden.

Ellipse bei Wörtern und Wortgruppen

„Der Boom fängt gerade erst an. [...] Jetzt beginnt die lineare Phase der Wachstumskurve.“

Ferner ist zu beachten, dass die Ellipse, vor allem in Drucksachen, niemals durch die Aneinanderreihung von Satzpunkten gebildet werden sollte. Dies kann nicht nur zu falschen Umbrüchen im Fließtext führen, sondern ist meist auch mit einem ungünstigen Abstand der Punkte zueinander verbunden. Jeder Font bietet ein eigenes typografisches Zeichen für die Ellipse, dessen Abstände auf den Einsatz als Auslassungszeichen abgestimmt sind.

---

falsche Ellipse aus Satzpunkten

falsch: und so weiter......

Endet ein Satz mit der Ellipse, sollte der Schlusspunkt entfallen, Frage- und Ausrufezeichen, Komma etc. hingegen können der Ellipse direkt nachfolgen. Gegebenenfalls kann ein kleiner Leerraum eingefügt werden.

Ellipse und Satzzeichen

Wir sehen uns ...

Wo ist ...?

3.2.10 Zweck und Aussehen der horizontalen Striche

Im Schriftsatz unterscheiden wir drei unterschiedlich lange, horizontale Striche:

	Name	Typische Funktion
—	**Bindestrich oder Divis**	Koppelungsstrich Trennstrich bei Umbrüchen
—	**Gedankenstrich oder Halbgeviertstrich**	Gedankenstrich Streckenstrich Minuszeichen Aufzählungsstrich Auslassungsstrich
—	**Geviertstrich**	Gedankenstrich (vor allem im amerikanischen Schriftsatz)

Wie die Übersicht zeigt, erfüllen die Striche teilweise sehr unterschiedliche Aufgaben; sie können insbesondere bindend oder trennend sein. Es ist deshalb besonders wichtig, im Schriftsatz auf die korrekte Unterscheidung und Anwendung der verschiedenen Strich-Arten zu achten, um die gewünschte Aussage unmissverständlich zu kommunizieren.

Beim Schreiben mit der Schreibmaschine ließ sich lediglich der einzig verfügbare Bindestrich für alle drei Striche verwenden. Dieser Notbehelf sollte heute keinesfalls mehr angewandt werden. Zwar besitzen Gedanken- und Geviertstrich keine, auf der PC- und Mac-Tastatur aufgedruckte, Entsprechung – die Eingabe ist aber über Tastaturkürzel in allen Anwendungen bequem möglich. Ebenso wichtig wie die Unterscheidung der Striche selbst ist die Frage, ob die Striche jeweils von Leerräumen umgeben sind oder nicht. Denn auch dadurch wird die jeweilige Funktion des Zeichens noch einmal unterstrichen.

Fundstücke: Duden-Graffiti

Drucksachen gehen in der Regel durch viele Hände, bevor sie endgültig hergestellt werden: Auftraggeber, Grafikdesigner, gegebenenfalls ein Lektor und schließlich ein Drucker begutachten den Entwurf. Es ist immer wieder erstaunlich, wie dabei solche offensichtlichen Fehler übersehen werden können (Abbildung linke Seite).

Diese Verschandelung des Stadtbildes war sogar der Graffiti-Szene zu viel. Kurzerhand griff man zur Selbsthilfe und korrigierte die fehlerhaften Plakate in leuchtendem Rot mit der Spraydose (rechts).

3.2.11 Der Bindestrich

„Wer Bindestriche ernst nimmt, wird verrückt.“

Aus einer alten Stilfibel der Oxford University Press, New York

Der Bindestrich stammt vom lateinischen divisum („das Geteilte“) ab und ist der am meisten verwendete Strich. Er hat, wie es der deutsche Name vermuten lässt, in der Regeln eine bindende Funktion. Selbst in der geläufigsten Anwendung als Trennzeichen am Spaltenende wirkt er bindend, indem er die Zusammengehörigkeit eines Wortes, über den Umbruch hinaus, kenntlich macht.

Bindestrich als Trennstrich

Bindestrich als Trennstrich	Windows	Mac OS
Ein Bindestrich am Zeilen- ende verbindet.	⊟	⊟

Der Bindestrich als Trennstrich wird, sofern die Silbentrennung aktiviert ist, automatisch vom Anwendungsprogramm gesetzt, wenn ein Wort über die Zeile hinausragen würde. Wie ein Umbruch am Zeilenende sollte auch ein Trennstrich in Fließtexten niemals manuell gesetzt werden. Anderenfalls rückt das so zerrissenere Wort womöglich später in die Mitte der Zeile.

Manueller Trennstrich

Ein typischer Satzfehler, der immer wieder auftritt, wenn man Binde-striche manuell setzt.

Soll der Umbruch anders als vom Programm vorgeschlagen erfolgen, können so genannte *bedingte* Trennstriche gesetzt. Diese verschwinden automatisch, sobald die Trennung nicht mehr an dieser Stelle erfolgen kann. Die gängigen Textverarbeitungs- und Layout-Programme bieten hierfür eigene Tastaturkürzel.

Bindestrich als Ergänzungsstrich

Ein Ergänzungsstrich zeigt an, dass ein gleicher Wortbestandteil von Zusammensetzungen oder Ableitungen eingespart wird. Sofern möglich, kann statt des normalen Bindestrichs ein *geschützter* Bindestrich eingefügt werden, um fehlerhaften Umbrüchen des Programms vorzubeugen. Der Ergänzungsstrich wird dem Wortbestandteil ohne Leerraum vor- oder nachgestellt.

Ergänzungsstrich

Hand-■und Fußball   *statt: Handball und Fußball*

aber niemals: Hand■-■und Fußball

das 2-■bis 3fache   *statt: das 2fache bis 3fache*

Bindestrich bei Zusammensetzungen mit Buchstaben und Ziffern

Werden mit Buchstaben und Ziffern Zusammensetzungen gebildet, wird ein Bindestrich ohne Leerräume gesetzt.

Bindestrich bei Zusammensetzungen mit Buchstaben und Ziffern

i-Punkt,

C-Dur, a-Moll

x-Achse

6-Zylinder

100-prozentig

18-jährig

Vor Nachsilben steht allerdings nur dann ein Bindestrich, wenn sie mit einem Einzelbuchstaben verbunden sind.

Zusammensetzungen mit Nachsilben

n-fach

die x-te Wurzel

aber: 3fach, die 68er, 32stel

Bindestrich zur Hervorhebung einzelner Bestandteile

Bei zusammengesetzten Wörter kann ein Bindestrich gesetzt werden, um einzelne Teile besonders zu betonen, den Sinn des Wortes verständlicher zu machen oder um die Übersichtlichkeit zu erhöhen. Treffen bei Zusammensetzungen drei gleiche Buchstaben aufeinander, kann ebenfalls ein Bindestrich helfen.

Bindestrich bei Zusammensetzungen

Einkommenssteuer-Nachweisformular

Druck-Erzeugnis *oder* Drucker-Zeugnis *statt* Druckerzeugnis

Schwimm-Meisterschaft *statt* Schwimmmeisterschaft

Tee-Ernte *statt* Teeernte

Verständlichkeit
Wer regiert das Reich von Hubbe? Ein Bindestrich könnte helfen, das Hubbe-Reich schneller als Hub-Bereich zu erkennen.

Der Bindestrich sollte allerdings nicht gesetzt werden, wenn das zusammengesetzte Wort kurz genug oder allgemein verständlich ist. Ebenso sollte der Bindestrich oft besser nicht nach dem Fugen-S stehen, da dessen bindende Funktion so wieder künstlich zerissen wird.

Kein Bindestrich bei einfachen Zusammensetzungen	
Zwiebelsuppe	*statt Zwiebel-Suppe*
Golfplatz	*statt Golf-Platz*
Verkehrschaos	*statt Verkehrs-Chaos*
Abschiedsgala	*statt Abschieds-Gala*

Der fehlende Bindestrich

Obgleich, wie im letzten Absatz zu sehen, oft zu viele Bindestriche gesetzt werd-
den, breitet sich über die letzten Jahre ein noch viel größeres Problem in der deutschen Sprache aus: der fehlende Bindestrich.

Der fehlende Bindestrich
falsch: Bio Gemüse, Geschirr Rückgabe, Garten Center

Fehlender Bindestrich
Kleiner Fehler – große Wirkung.
Wenn die Kunden ab mittags
weg bleiben, lag es vielleicht am
fehlenden Bindestrich.

Die Wurzel dieses Übels ist schnell ausgemacht: die zunehmende Unterwande-
rung der deutschen durch die englische Sprache. Ein bekanntes, amerikanisches
„Schnell Restaurant" bietet die im Englischen *fruit bag* und *garden side salad*
heißenden Produkte in Deutschland doch tatsächlich als „Frucht Tüte" und „Gar-
ten Salat" an. Ein deutlichen Zeichen, dass die zuständigen Texter hier jedes Verständnis der deutschen Sprache verloren haben. Auch in der IT-Branche, die sich
selbst natürlich längst „IT Branche" schreibt, werden nicht nur die englischen Wörter, sondern auch die englische Wortbildung übernommen. Auch die deutschen

Unternehmen ziehen mittlerweile konsequent nach und stellen teils gesamte Produktlinien auf die falsche Schreibweise ohne Zusammensetzung und ohne Bindestrich um. Dafür finden sich, neben der fragwürdigen Imitation der englischen Wortbildung, weitere Gründe. Zum einen mögen es Grafiker, die Verpackungen, Plakate und so weiter setzen, offenbar gar nicht, wenn am Zeilenende ein Bindestrich nötig ist – besonders wenn der Schriftsatz zentriert ist. Dies ist nachvollziehbar, aber natürlich nicht tolerierbar. Die ästhetischen Gesichtspunkte können sich freilich nicht über die Rechtschreibung und Grammatik hinwegsetzen. Zudem sollte jeder Grafiker wissen, wie man mittels optischem Ausgleich auch einen zentrierten Satz mit Bindestrichen ausgewogen setzen kann.

Konsequente Ignoranz
Dieses Unternehmen verzichtet generell auf die korrekte Schreibung mit Bindestrich. Soll man Wendungen wie „Würfel Zucker" oder „Schlag Sahne" (nicht abgebildet) etwa als eine Aufforderung verstehen?

Das Phänomen der fehlenden Bindestriche bei Umbrüchen war aber nur der Anfang. Heute hat man sich, teilweise sogar herstellerübergreifend, darauf geeinigt, den Bindestrich auch bei einzeiligen Wendungen zu streichen.

Konsequente Ignoranz, Teil 2
Selbst die Suchmaschine Google weiß es besser und fragt noch einmal vorsichtig nach: „Meinten Sie Gemüsesuppe?" Wer sich von diesem Sprach-Ungetüm noch immer nicht abschrecken lässt und auch keine Skrupel hat, dem Frühling die Suppe wegzulöffeln, findet auf der Rückseite näheres über „die leckeren KNORR Gemüse satt Suppen".

Es scheint unwahrscheinlich, dass solche Fehler allein durch die Unwissenheit der Ausführenden entstanden sind. Offenbar steckt dahinter die Strategie, die Wörter, beziehungsweise die übrig bleibenden Wortfetzen, möglichst kurz und einfach zu halten, um sie der immer leseunwilligeren Bevölkerung möglichst einfach und häppchenweise zu präsentieren. Es darf allerdings bezweifelt werden, ob man vom Wort Gemüsesuppe schon überfordert ist. Und es ist auch nicht verwunderlich, dass die Beschilderung von kleineren Geschäften und Imbiss-Buden dem Beispiel der großen Unternehmen folgt und die falsche Schreibweise ohne Bindestrich mittlerweile längst Standard geworden ist.

Dabei ist die Regel wirklich einfach: Zusammensetzungen („Komposita") werden zusammen oder zumindest mit Bindestrich geschrieben.

Komposita mit Bindestrich

Gemüse-Suppe oder Gemüsesuppe

Bio-Äpfel

Asien-Wochen

Geschirr-Rückgabe

Garten-Center

Goethe-Café

Handy-Shop

Bertelsmann-Stiftung

Volkswagen-Partner

Auto-Reparatur

CD-ROM

die 5%-Hürde

die 30°-Wäsche

der 20 000-Euro-Gewinn

Komposita
Eine kleine Liste von typischen Wendungen, die immer wieder fälschlicherweise ohne Bindestrich gebildet werden.

Fundstücke: Binde Strich?

Bild unten: Fragwürdiger Inhalt – fragwürdige Übersetzung – und dennoch ein Bestseller! Auch wenn der Untertitel etwas anderes verspricht: in korrektem Deutsch ist dieser Titel jedenfall nicht.

Dass der fehlenden Bindestrich auf diesem Plakat kein einmaliges Versehen ist,
beweisen die weiteren Angebote dieses Unternehmens:
Tiger Wäsche, Bremsen Dienst, Motor Inspektion.

Bindestrich als Koppelungsstrich

Mehrteilige Fremdwörter und Namen, die, wenn sie allein auftreten, getrennt geschrieben sein können, müssen bei der Bildung von Zusammensetzungen mit einem Bindestrich durchgekoppelt werden.

Bindestrich als Koppelungsstrich
Konrad Adenauer
aber: Konrad-Adenauer-Haus
niemals: Konrad Adenauer-Haus
auch nicht: Konrad Adenauer Haus
der Adolf-Grimme-Preis
die Heinrich-Böll-Stiftung
Rudolf Breitscheid
aber: Rudolf-Breitscheid-Straße
Corporate Design
aber: das Corporate-Design-Konzept
Work Flow
aber: die Work-Flow-Optimierung

Ebenfalls mit einem Bindestrich gekoppelt werden Aneinanderreihungen und Zusammensetzungen aus Wortgruppen und gleichrangigen Adjektiven.

Koppelungsstrich bei Wortgruppen
die Mund-zu-Mund-Beatmung
das Januar-Februar-Heft
der Magen-Darm-Trakt
der Erste-Hilfe-Kurs
medizinisch-technische Assistentin
schwarz-weißer Kater
aber: lauwarm, tiefblau *(da nicht gleichwertig)*

fehlende Koppelung
Auch wenn es dem Grafiker vielleicht nicht gefällt: Es muss Gute-Nacht-Bad heißen. Sonst wird daraus allenfalls ein Gute-Nacht-Gruß an das Bad.

Der Bindestrich in Internet-Adressen

In Internet-Adressen kommt, entgegen der umgangssprachlichen Bezeichnung als *Minus*, ein Bindestrich zum Einsatz. Da die Eingabe des Minuszeichens zu einem Fehler und keinesfalls zum Aufruf der gewünschten Seite führt, sollte nach Möglichkeit auch kein Minuszeichen gesprochen werden.

Domainnamen mit Bindestrich
www.zeichen-setzen.info
sprich: w|w|w|Punkt|zeichen|Bindestrich|setzen|Punkt|info

3.2.12 Gedanken- und Geviertstrich

Gedanken- und Geviertstrich gehören zu den jüngeren Satzzeichen und tauchen erst in der zweiten Hälfte des 17. Jahrhunderts auf. Der Gedankenstrich ist in etwa halb so groß wie der Geviertstrich und wird deshalb in der Fachsprache auch Halbgeviertstrich genannt. Im Gegensatz zum Bindestrich haben Gedanken- und Geviertstrich in der Regel eine trennende Funktion.

Gedanken- und Geviertstrich zwischen Wörtern und Worgruppen

Gedanken- und Geviertstrich können bei gleichrangig aneinandergereihten Wörtern oder Wortgruppen zur Gliederung dienen. Ob der Gedanken- oder der Geviertstrich zur Anwendung kommt, liegt im Ermessen des Anwenders und kann von Schriftart zu Schriftart entschieden werden, da die Länge der Zeichen oft variiert. Ein Gedankenstrich wird mit Leerraum vor und nach dem Zeichen gesetzt, der Geviertstrich dagegen schließt direkt an die Zeichen an, da er durch seine Länge bereits genügend Weißraum erzeugt. Der Bindestrich darf keinesfalls für solche Aufzählungen verwendet werden, da man hier versucht ist, die einzelnen Wörter als einen zusammengesetzten Begriff zu lesen.

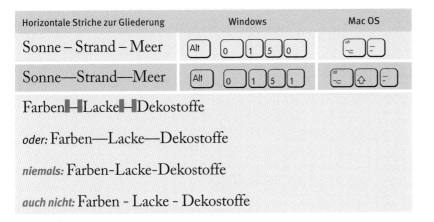

Horizontale Striche zur Gliederung	Windows	Mac OS
Sonne – Strand – Meer	Alt 0 1 5 0	⌥ –
Sonne—Strand—Meer	Alt 0 1 5 1	⌥ ⇧ –
Farben—Lacke—Dekostoffe		
oder: Farben—Lacke—Dekostoffe		
niemals: Farben-Lacke-Dekostoffe		
auch nicht: Farben - Lacke - Dekostoffe		

Trennung oder Bindung?
Statt „große Haie" und „kleine Fische" gegenüberzustellen, erzeugt der anliegende Bindestrich in diesem Filmtitel hier die ungewollte und unsinnige Wortverbindung „Haie-Kleine". Zum falschen Einsatz des Doppel-S statt Eszett siehe auch Seite 194.

Auch Gegenüberstellungen können in gleicher Weise mit dem Gedankenstrich gebildet werden.

Gedankenstrich bei Gegenüberstellungen
deutsch – englisch
große Haie – kleine Fische

Gedanken- und Geviertstrich zur Betonung von Pausen

Innerhalb eines Satzes kennzeichnen Gedanken- und Geviertstrich Pausen und zeitliche Abgrenzungen, die stärker betont sind, als es beim Satz von Kommata der Fall wäre.

Striche bei Pausen und Einschübe

Einfach umrühren – fertig!

Auf die Plätze – fertig – los!

Paris – die Stadt der Liebe.

Warte mal – es fällt mir gleich ein.

Als paariger Gedanken- oder Geviertstrich wird ein betonter Einschub gekennzeichnet. Der eingeschlossene Teil kann ein Satz, ein Teilsatz oder ein beliebiger Zusatz sein. Im Deutschen kommt in Sätzen nahezu ausschließlich der Gedankenstrich zur Anwendung – im amerikanischen Englisch dagegen der Geviertstrich.

Paariger Einschub

Der Gedankenstrich betont – wie man hier deutlich sehen kann – stärker als ein Komma.

The em dash indicates a sudden break in thought—a parenthetical statement like this one—or an open range.

Der Gedankenstrich sollte dabei nach Möglichkeit nicht am Zeilenanfang stehen. Dazu kann das Leerzeichen vor dem Gedankenstrich als *geschütztes Leerzeichen* gesetzt werden. Dies verhindert den Umbruch am Zeilenende.

Gedankenstrich als Spiegelstrich

Der Gedankenstrich kann in seiner Funktion als so genannter Spiegelstrich zeilenweise gegliederte Aufzählungen einleiten.

Spiegelstrich

Welches Schriftformat benötigen Sie?

– TrueType

– Type 1

– OpenType

Gedankenstrich als Auslassungsstrich

Der Gedankenstrich wird bei Geldbeträgen als Auslassungszeichen verwendet. Wenn es dem Zweck angemessen ist, kann alternativ auch der Geviertstrich verwendet werden.

> Auslassungsstrich
>
> 45,– EUR
>
> *bitte nicht mit Bindestrich:* 45,- EUR

Gedankenstrich als Bis-Zeichen

Der Gedankenstrich kann bei Zeitangaben im Sinne von „bis" eingeschoben werden. Das Zeichen wird in diesem Fall ohne Leerräume gesetzt.

> Bis-Zeichen
>
> 1830–1905
>
> *aber:* von 1830 bis 1905
>
> 20–23 Uhr
>
> *bitte nicht mit Bindestrich:* 20-23 Uhr
>
> *auch nicht:* 20 - 23 Uhr

Gedankenstrich als Streckenstrich

Bei Streckenangaben wird der Gedankenstrich ohne Leerzeichen gesetzt. Gegebenenfalls darf ein kleiner Leerraum eingefügt werden.

> Streckenstrich
>
> München–Hamburg
>
> *auch:* München–Hamburg
>
> die Strecke Köln-Bonn–Berlin-Schönefeld

Auch politische, sportliche und sonstige Begegnungen werden mit einem direkt anliegenden Gedankenstrich gesetzt.

Gedankenstrich bei Begegnung

1. FC Köln–Bayern München

Die Begegnung Schröder–Putin

keinesfalls mit Bindestrich: Die Begegnung Schröder-Putin

auch besser nicht: Die Begegnung Schröder - Putin

Gedankenstrich als Minus-Zeichen

Der Gedankenstrich wird auch als Ersatz für den mathematischen Minusstrich benutzt. Steht er vor einer Zahl, um dessen negativen Wert anzuzeigen, wird er ohne Leerraum gesetzt. Im mathematischen Satz wird es als Subtraktionszeichen besser mit Leerzeichen abgesetzt, um nicht als Vorzeichen missverstanden zu werden.

Minuszeichen

Temperatursturz auf $-12°$ C

bitte nicht mit Bindestrich: Temperatursturz auf $-12°$ C

$25 ▬ 10 = 15$

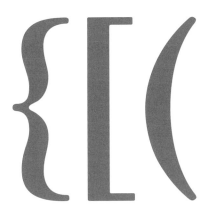

3.2.13 Die Klammern

„Bei jeder Klammer muss man von einem Gedanken absteigen und dann wieder in den Sattel kommen."

Oliver Wendell Holmes

Klammern zum Einschluss kannte man bereits im 15. Jahrhundert. Sie hießen zunächst Parenthesen, von griechisch-lateinisch *parénthesis* („dazwischenstellen") . Die geschweiften Klammern haben ihren Ursprung im französischen Wort *accolade* („Umarmung"). Heute unterscheidet man vier Formen der Klammern:

() runde Klammern (Parenthesen)
[] eckige Klammern
‹› spitze Klammern
{} geschweifte Klammern (Akkoladen)

Die runden Klammern

Die runden Klammern werden am häufigsten gebraucht. Sie trennen Zusätze und Nachträge vom restlichen Text ab. Alle Klammerarten werden stets anliegend, an den eingeschlossenen Teil, gesetzt und mit Leerzeichen vom übrigen Text abgegrenzt. Dies ist nötig, damit die Klammern stets mit dem Inhalt umbrochen werden können und nicht plötzlich allein am Ende der Zeile stehen. Eine Ausnahme bilden lediglich eingeklammerte Teile einer Zusammensetzung, die dann ohne Leerraum gesetzt sein können.

Runde Klammern	Windows	Mac OS
(öffnende Klammer	⇧ 8	⇧ 8
schließende Klammer)	⇧ 9	⇧ 9

Giambattista Bodoni (1740–1813)

niemals: Giambattista Bodoni(1740–1813)

auch nicht: Giambattista Bodoni (1740–1813)

2000 € (in Worten: Zweitausend Euro)

Anton Berger (36)

Das Buch ist ein (auto-)biografischer Roman.

Stoßen die Klammern mit den Buchstabenformen zusammen – zum Beispiel beim kursiven j und f – muss manuell spationiert werden.

Manuelles Spationieren

(jedes Jahr geht es bergauf)

besser: (jedes Jahr geht es bergauf)

Steht der eingeklammerte Teil am Ende des Satzes, folgt der Schlusspunkt erst nach der schließenden Klammer. Ist der eingeklammerte Teil dagegen ein unabhängiger, vollständiger Satz, steht er einzeln mit eigenem Satzzeichen.

Schlusspunkt nach der Klammer

Dies ist ein Satz mit Einschub in Klammern (Näheres siehe Seite 420).

Schlusspunkt vor der Klammer

Dieser Satz endet schon vor der Klammer. (Der Nachtrag in Klammern ist ein eigenständiger Satz.)

Die eckigen Klammern

Die eckigen Klammern zeigen in Verbindung mit der Ellipse ausgelassene Textpassagen an. Außerdem können unter Zuhilfenahme der eckigen Klammern mehrere Klammerungen verschachtelt werden.

Eckige Klammern	Windows	Mac OS
[öffnende Klammer	AltGr | 8 [	alt ⌥ | % 5
schließende Klammer]	AltGr | 9]	alt ⌥ | & 6

„Der Boom fängt gerade erst an.▌[…]▌Jetzt beginnt die lineare Phase der Wachstumskurve."

Zu den horizontalen Strichen zählt unter anderem der Bindestrich (lateinisch divisum [=das Geteilte]).

Die geschweiften Klammern

Die geschweiften Klammern finden sich vor allem im mathematischen und musikalischen Satz. Über mehrere Zeilen gesetzt, können sie zum Beispiel Zusammengehörigkeiten kenntlich machen. In Programmiersprachen ist jedem Klammertyp eine genaue definierte, syntaktische Funktion zugewiesen, zum Beispiel die Eingrenzung eines Befehlsblocks. Leerräume vor oder nach Klammern spielen bei der Programmierung in der Regel keine Rolle, weswegen der Einsatz von Leerzeichen hier meist frei, entsprechend einer möglichst guten Übersichtlichkeit und Gliederung, erfolgen kann.

Geschweifte Klammern	Windows	Mac OS
{öffnende Klammer	AltGr | 7 {	alt ⌥ | | 8
schließende Klammer}	AltGr | 0 }	alt ⌥ | | 9

$$f(x) = \begin{cases} 1, \text{ wenn } x \text{ irrational,} \\ 0, \text{ sonst.} \end{cases}$$

if (!$variable) { $error=true; break; }

Die spitzen Klammern

Die spitzen Klammern sind im Textsatz eher ungebräuchlich, finden sich aber zum Beispiel in Nachschlagewerken wie Wörterbüchern, um die Herkunft der Wörter anzuzeigen. Da die typografischen Spitzklammern für den Textsatz in gebräuchlichen Zeichensätzen nicht enthalten sind, werden stattdessen oft die Zeichen für „größer als" und „kleiner als" zweckentfremdet.

Spitzklammern-Ersatz	Windows	Mac OS
< kleiner als	`>` `<`	`>` `<`
größer als >	⇧ `>` `<`	⇧ `>` `<`

Logo, der *od.* das; -s, -s <engl.> Firmenzeichen, Signet

Spitzklammern
Die „echten" Spitzklammern, hier in einer Ausgabe des Duden, fügen sich wesentlich besser in das Satzbild, da sie wesentlich schmaler gehalten sind als ihre mathematischen Vettern größer als/kleiner als.

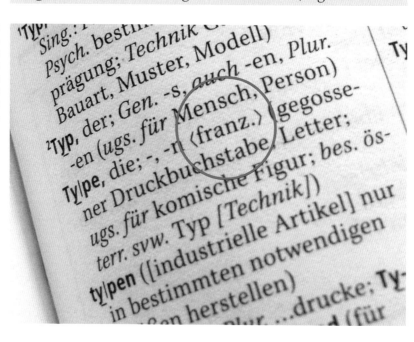

3.2.14 Die Anführungszeichen

Anführungszeichen wurden zunächst an den Anfang und das Ende jeder aus einem anderen Werk zitierten Textzeile gesetzt. Das Wort Anführungszeichen wurde im 18. Jahrhundert geprägt und bildet eine Übersetzung des lateinischen *signum citationis*. Die umgangssprachliche Bezeichnung „Gänsefüßchen" entstammt der Druckersprache.

Heute schließen Anführungszeichen Textstellen ein, die aus dem laufenden Text herausgestellt werden sollen; um zum Beispiel fremde Äußerungen zu kennzeichnen oder eine Distanzierung oder Ironisierung zu erreichen.

Arten von Anführungszeichen

Über die Jahrhunderte haben sich sowohl verschiedene Arten von Anführungszeichen herausgebildet als auch sehr unterschiedliche, meist länder- oder sprachraumspezifische Satzweisen.

Gänsefüßchen   französische Guillemets

Alle Anführungszeichen der auf dem Lateinischen basierenden Schriftsysteme lassen sich generell in diese beide Gruppen einordnen, wobei stets eine doppelte und eine einfache Variante des Zeichens vorhanden ist, um die Anführungen verschachteln zu können. Die Guillemets werden vor allem im Werksatz verwendet, da sie sich optisch besser in den Fließtext eingliedern und nicht mit Komma oder

Apostroph verwechselt werden können. Die Gänsefüßchen entsprechen der bei uns gebräuchlichen, handschriftlichen Form und werden meist standardmäßig in Textverarbeitungsprogrammen verwendet.

Eingabe von Anführungszeichen

Sowohl Schreibmaschinen als auch der ASCII-Kode kennen keine öffnenden und schließenden Anführungszeichen und benutzen stattdessen das Zollzeichen als notdürftigen Ersatz. Da auch heutige PC-Tastaturen lediglich das Zollzeichen zur direkten Eingabe zur Verfügung stellen, hat sich dieser Fehler bis heute erhalten.

Zollzeichen
Diese Zeichen als Ersatz für Anführungszeichen sind in E-Mails und auf Webseiten noch üblich – in Drucksachen und bei Beschilderungen sollten sie unbedingt vermieden werden.

Zollzeichen	Windows	Mac OS
"Zoll"	⇧ + 2"	⇧ + 2"
Diskettenformat: 3,5"		
niemals: Gasthaus "Zur Linde"		

Textverarbeitungs- und Layout-Programme korrigieren solche Fehler mittlerweile oft selbstständig, indem ein auf diese Weise eingegebenes Zollzeichen in das korrekte typografische Anführungszeichen umgewandelt wird. Hier können aber neue Fehler entstehen, wenn zum Beispiel das Anführungszeichen nicht anliegend plaziert wurde oder die zu Grunde liegende Sprache nicht oder falsch ausgewählt wurde. Zur Verwirrung trägt außerdem die optische Ähnlichkeit von anderen Zeichen (Apostroph und Akzentzeichen und so weiter) mit den einfachen Anführungszeichen bei.

Zeichenunterscheidung
Wer mit Textverarbeitungsprogrammen arbeitet, sollte diese gängigen Zeichen und deren Eingabe kennen und unterscheiden können.

Komma	Anführung öffnend (deutsch)	Anführung schließend (deutsch), öffnend (englisch)	Anführung schließend (englisch)	Apostroph	Minutenzeichen	Akzent

Wie man sieht, ist die Unterscheidung der Zeichen nicht immer einfach – manche Zeichen haben sogar ein identisches Aussehen. Dennoch ist die korrekte Eingabe und Kodierung wichtig, um zum Beispiel später mit einer Suchen-und-Ersetzen-Funktion bestimmte Zeichen austauschen zu können.

Um die korrekten Anführungszeichen unabhängig von der verwendeten Software einzugeben, können folgende Tastaturkürzel verwendet werden.

Gänsefüßchen deutsch	Windows	Mac OS
„ deutsch öffnend	[Alt] [0] [1] [3] [2]	[⇧] [alt ⌥] [W]
" deutsch schließend	[Alt] [0] [1] [4] [7]	[⇧] [alt ⌥] [" 2]
‚ deutsch öffnend	[Alt] [0] [1] [3] [0]	[alt ⌥] [S]
' deutsch schließend	[Alt] [0] [1] [4] [5]	[alt ⌥] [' #]

Gänsefüßchen englisch	Windows	Mac OS
" englisch öffnend	[Alt] [0] [1] [4] [7]	[⇧] [alt ⌥] [" 2]
" englisch schließend	[Alt] [0] [1] [4] [8]	[alt ⌥] [" 2]
' englisch öffnend	[Alt] [0] [1] [4] [5]	[alt ⌥] [' #]
' englisch schließend	[Alt] [0] [1] [4] [6]	[⇧] [alt ⌥] [' #]

Guillemets	Windows	Mac OS
»	[Alt] [0] [1] [8] [7]	[⇧] [alt ⌥] [W]
«	[Alt] [0] [1] [7] [1]	[⇧] [alt ⌥] [" 2]
›	[Alt] [0] [1] [5] [5]	[alt ⌥] [S]
‹	[Alt] [0] [1] [3] [9]	[alt ⌥] [' #]

Anwendung der Anführungszeichen

Wie auch Klammern werden Anführungszeichen in der Regel anliegend – das heißt ohne Leerräume – an den einschließenden Abschnitt gesetzt. Ob Gänsefüßchen oder Guillemets zum Einsatz kommen, liegt im Ermessen des Anwenders. Allerdings sollte unbedingt darauf geachtet werden, beide Systeme nicht gemischt zu verwenden.

Bei direkter Rede und Zitaten wird meist ein Begleitsatz mitgeführt, der am Beginn, in der Mitte oder am Ende der wörtlichen Rede stehen kann. Dabei ist zu beachten, das zum wörtlich Wiedergegebenen gehörende Satzzeichen vor das abschließende Satzzeichen gesetzt werden – zum Begleitsatz gehörende Satzzeichen dagegen stehen nach dem schließenden Anführungszeichen.

Anführungszeichen bei direkter Rede und Zitaten

„Heute schreibe ich ein Buch", sagte er.

„Wann kommst du zurück?", fragte sie nach.

Er sagte: „Ich komme morgen früh zurück."

Sie sagte: »Eine gute Eselsbrücke, um sich die Form dieser Anführungszeichen zu merken, sind die Zahlen 99 und 66.«

Steht der Begleitsatz vor der Anführung oder wird er von ihr eingeschlossen, so verliert er seinen Schlusspunkt.

Anführungszeichen bei direkter Rede und Zitaten

Sie fragte: „Wann rufst du mich an?"

nicht: Sie fragte: „Wann rufst du mich an?".

aber: Schaust du schon wieder „Was guckst Du?"?

Einzelne Fachbegriffe, Markennamen, Überschriften, Titel, Sprichwörter, kurze Äußerungen und ironische oder distanzierende Aussagen können durch Anführungszeichen hervorgehoben werden.

Anführungszeichen bei einzelnen Wörtern und Wörtgruppen

Eine „tolle" Nachricht ist das!

Sie verließ mit den Worten »Ich kündige!« den Raum.

Er handelt ganz nach dem Motto „was ich nicht weiß, macht mich nicht heiß".

Um Anführungen zu kennzeichnen, die sich bereits in einem, mit Anführungszeichen eingeschlossenen, Text befinden, werden halbe Anführungen verwendet.

Verschachtelung durch halbe Anführungszeichen

Sie bat ihn: „Kannst du mir bitte Erik Spiekermanns Buch ‚ÜberSchrift' ausleihen?"

»Hast du den Zeitungsartikel ›EU-Erweiterung‹ gelesen?«

Anführungszeichen in verschiedenen Ländern und Sprachen

Die vorstehenden Regeln und Beispiele sind lediglich für den deutschsprachigen Satz in Deutschland und Österreich gültig. Schon der Schweizer Schriftsatz benutzt andere Regeln. Hier werden für alle Landessprachen ausschließlich die Guillemets verwendet, allerdings im Gegensatz zur Schreibweise in Deutschland und Österreich mit den Spitzen nach außen.

Anführungszeichen in der Schweiz

«So schreibt man in der Schweiz», klärte sie mich auf.

Die nachfolgende Tabelle zeigt eine Übersicht der Anführungszeichen in verschiedenen Sprachen. In fast allen Sprachen sind die doppelten Anführungszeichen die übliche Form, und die einfachen dienen der Verschachtelung.

Anführungen international
Quelle: Wikipedia

Anführungszeichen	Standard		Alternative	
	außen	innen	außen	innen
Afrikaans	„..."	‚...'		
Albanisch	«...»	‹...›	"...„	'...‚
Bulgarisch	„..."	‚...'		
Chinesisch	「..」	『...』	"..."	'...'
Dänisch	»...«	›...‹	„..."	‚...'
Deutsch	„..."	‚...'	»...«	›...‹
(BRD/Österreich)				
Englisch (amerikanisch)	"..."	'...'		
Englisch (britisch)	'...'	"..."		
Estnisch	«...»		„..."	
Finnisch	"..."	'...'	»...»	›...›
Französisch	«...»	‹...›	"..."	'...'
Griechisch	«...»	‹...›	"...„	'...‚
Holländisch	„..."	‚...'	"..."	'...'
Irisch	"..."	'...'		
Isländisch	„..."	‚...'		
Italienisch	«...»		"..."	'...'
Japanisch	「...」	『...』		
Kroatisch	»...«	›...‹		
Lettisch	«...»	‹...›	„..."	‚...'
Litauisch	„..."	‚...'	«...»	‹...›
Norwegisch	«...»	‹...›	"..."	'...'
Polnisch	„..."	‚...'	«...»	
Portugiesisch	"..."	'...'	«...»	‹...›
Rumänisch	„..."	‚...'	«...»	‹...›

Anführungszeichen	Standard		Alternative	
	außen	innen	außen	innen
Russisch	«...»		„...“	
Schwedisch	”...”	'...'	»...»	›...›
Schweiz	«...»	‹...›		
Serbisch	„...“	‚...‘	»...«	›...‹
Slowakisch	„...“	‚...‘	»...«	›...‹
Slowenisch	„...“	‚...‘	»...«	›...‹
Sorbisch	„...“	‚...‘		
Spanisch	«...»	‹...›	“...”	'...'
Tschechisch	„...“	‚...‘	»...«	›...‹
Türkisch	«...»	‹...›	“...„	'...‚
Ukrainisch	«...»	‹...›	„...“	‚...‘
Ungarisch	„...”		»...«	
Weißrussisch	«...»	‹...›	„...“	‚...‘

Anführungszeichen in gemischt-sprachigen Texten

Bei Texten, die ausschließlich in einer Sprache gesetzt werden, sind die zuvor aufgeführten sprachspezifischen Anführungszeichen zu verwenden. Werden aber verschiedene Sprachen in einem Dokument gemischt angewendet, ist die Wahl der Anführungszeichen weniger einfach. In der Regel werden fremdsprachige Wörter und Wortgruppen lediglich mit den Anführungszeichen der Sprache des laufenden Textes umschlossen.

Anführungszeichen bei fremdsprachigen Wörtern und Wortgruppen

Die ausländischen Gäste wurden von uns mit „bienvenue“ und „welcome“ begrüßt.

Vollständige Sätze und Absätze, wie zum Beispiel Zitate, die in einer anderen Sprache verfasst sind, werden dagegen mit den Anführungszeichen der jeweiligen Sprache eingeschlossen.

Fundstücke: doppeldeutig

Skandalöse Zustände?

Manchmal sollte man sich seine eigenen Texte besser nochmal durchlesen ...

3.3   Sonderzeichen

3.3.1   Schrägstrich

Der Schrägstrich ist im engeren Sinne heute zwar kein Satzzeichen mehr, dient aber ebenso als Gliederungszeichen mit zum Teil bindender oder trennender Funktion.

Schrägstrich	Windows	Mac OS
2005/2006	⇧ ⁊	⇧ ⁊

Der Schrägstrich ermöglicht Aufzählungen von Begriffen und Zahlen, die entweder gleichrangig oder im Sinne von „entweder/oder" oder „beziehungsweise" verwendet werden sollen. Der Schrägstrich wird in diesem Fall ohne Leerraum gesetzt. Wirken die Weißräume links und rechts vom Schrägstrich unausgewogen, kann notfalls durch manuelle Spationierung eingegriffen werden.

Schrägstrich als Bindezeichen
Müller/Meier/Schulze
Band 1/2
Wintersemester 2005/2006
und/oder
normal/ermäßigt: 12 Euro/6 Euro

Soll der Schrägstrich eine trennende Funktion ausüben, wird er mit einem, gegebenfalls verringerten, Leerraum gesetzt.

Schrägstrich als Trennzeichen

0 12 45 / 50 55 68

nicht: 0 12 45/50 55 68

Anton Müller / Dora Meier

zu missverständlich: Anton Müller/Dora Meier

Wie beim Gedankenstrich gilt auch hier: Der Schrägstrich darf nicht am Anfang der Zeile umbrochen werden und sollte deshalb in Fließtexten durch ein vorangestelltes, geschütztes Leerzeichen auf der oberen Zeile gehalten werden.

Als reines Gliederungszeichen ist der Schrägstrich zwar denkbar, aber nicht unbedingt die erste Wahl, da andere Zeichen, wie zum Beispiel der senkrechte Strich oder die mittigen Blickfangpunkte, hier neutraler wirken und man deshalb nicht versucht ist, eine Beziehung zwischen den getrennten Bereichen zu finden.

Schrägstrich als Trennzeichen

möglich: Telefon (030) – 20 30 50 / Fax: (030) – 20 30 51

aber besser: Telefon (030) – 20 30 50 | Fax: (030) – 20 30 51

oder: Telefon (030) – 20 30 50 · Fax: (030) – 20 30 51

Der Schrägstrich kann auch als Abkürzung für das Wort „pro" eingesetzt werden. Steht der Schrägstrich zu eng, darf in freiem Ermessen spationiert werden.

Schrägstrich als Abkürzung für „pro"

8 l/100 km oder 8 l / 100 km

90 km/h oder 90 km / h

3.3.2 Senkrechter Strich

Der senkrechte Strich ist ein sehr universell einsetzbares Gliederungszeichen, das nur wenige feste Einsatzgebiete besitzt. Innerhalb von Wörtern kann der senkrechte Strich zum Beispiel Trennstellen anzeigen.

Senkrechter Strich in Wörtern	Windows	Mac OS
Zei|chen|set|zung, die;	AltGr ≷|	alt ⌫ |⌇

Als Gliederungszeichen kann der senkrechte Strich Telefonnummern, Anschriften, Überschriften und vieles weitere mehr unterteilen. Dabei wird vor und nach dem Strich ein Leerzeichen gesetzt. Der Trennstrich sollte nur zwischen den Gliedern stehen, nicht aber am Anfang oder Ende.

Senkrechter Strich als Gliederung
Telefon: 0 12 34 | 56 78 90
Rohlfsstraße 6 | 99423 Weimar | Deutschland
Index Schrift | Ralf Herrmann | 2003 | ISBN 3-08266-1379-1
Startseite | Leistungen | Referenzen | Kontakt | Impressum

3.3.3 Der Apostroph

„Wenn nur alle Satzzeichen so einfach wären."

G. V. Carey

Das Wort Apostroph leitet sich vom griechisch-spätlateinischen *apó-strophos* („abgewandt" oder „abfallend") ab. Als wortbezogenes Auslassungszeichen kennzeichnet der Apostroph meist einen oder mehrere nicht dargestellte Buchstaben. Wie bei den typografischen Anführungszeichen, existiert auch im ASCII-Zeichensatz sowie auf der Computer-Tastatur keine direkte Entsprechung dieses Zeichens. Dies hat zur Folge, dass unerfahrene Anwender auf der Tastatur vergeblich nach einem Apostroph suchen und statt dessen fälschlicherweise das Minutenzeichen oder sogar die französischen Akzente benutzen.

Akzent-Taste
Über diese Taste lassen sich Akzente erzeugen, jedoch kein Apostroph.

| Apostroph | Minutenzeichen | einfaches Anführungs-zeichen | Akzent | Akzent |

Raute-Taste
Durch Drücken von Umschalt- und Raute-Taste wird in der Regel das Minutenzeichen – nicht das Apostroph – erzeugt.

In einigen Textverarbeitungs- und Layout-Programmen wird die Eingabe des Minutenzeichens (über Umschalt- und Raute-Taste) selbstständig in einen korrekten Apostroph umgewandelt. Die Akzentzeichen hingegen erfüllen eine gänzlich andere Funktion und dürfen keinesfalls als Apostroph verwendet werden.

Der Apostroph als Auslassungszeichen

Der Apostroph kann ausgelassene Buchstaben am Anfang, Ende oder innerhalb eines Wortes anzeigen. Er wird dabei so gesetzt wie die ausgelassenen Buchstaben, das heißt, in der Regel ohne Abstand zum Rest des Wortes.

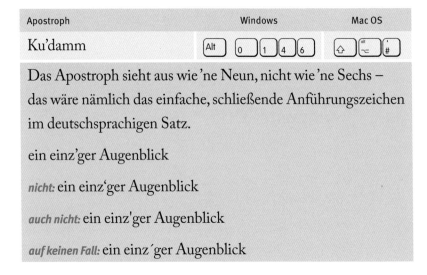

Gemäß der heute geltenden Rechtschreibung sollte der Apostroph bei typischen Auslassungen entfallen, zum Beispiel bei den häufigen Verkürzungen des Pronomens „es" zu „s" oder beim Wegfall des Endungs-e beim Imperativ der 2. Person Singular.

---

ohne Apostroph

Wie gehts?

Wenns weiter nichts ist.

Mach das Fenster zu!

Ich lass es bleiben!

ans, aufs, durchs, fürs, ins, übers, beim, hinterm, vorm, …

Der Apostroph zur Kennzeichnung des Genitiv

Der Apostroph steht zur Kennzeichnung des Genitivs von Namen, die auf s, ss, ß, tz, z und x enden und keinen Artikel oder ähnliches bei sich führen.

Apostroph beim Genitiv

Grass' Blechtrommel

Marx' Philosophie

Zur Verdeutlichung der Grundform von Eigennamen kann das Genitiv-s gelegentlich durch den Apostroph abgetrennt werden, vor allem wenn die Verständlichkeit sonst nicht eindeutig gegeben ist.

Apostroph zur Verdeutlichung der Grundform

Andrea's Blumen-Eck *zur Unterscheidung des männlichen Andreas*

aber: Simones Blumen-Eck, Pauls Grillstopp

das Ohm'sche Gesetz *oder* das Ohmsche Gesetz

Falsche Anwendungen des Apostrophs

Wie man sieht, ist der Apostroph ein Zeichen, das – gemäß der Regeln – im deutschsprachigen Satz nur wenig Anwendung finden dürfte. Dennoch ist die Präsenz des Apostrophs – und dessen falscher Ersatzzeichen – im öffentlichen Raum und bei Drucksachen allgegenwärtig. Im Gegensatz zur deutschen Regelung wird im englischen Satz das Genitiv-s generell durch ein Apostroph abgetrennt. Bekannte Marken wie *McDonald's, Kellogg's* oder *Joey's Pizza* haben diese Schreibweise in den deutschsprachigen Raum eingeschleppt, deutsche Imbiss-Buden-Besitzer haben sie übernommen und mit „Willi's heiße Würstchen" und „Karin's Pommes-Ecke" so weit verbreitet, dass heute kaum noch jemand an dieser Schreibweise zweifelt. Überhaupt scheint man heute kaum noch ohne die Genitiv-Schreibweise auszukommen. Wer immer noch sein Schild mit „Bäckerei Stein" beschriftet hatte, tauscht dies nun plötzlich hastig durch „Stein's Backshop" aus und das „Modehaus Angela" wird zu „Angie's Fashion Store". Dass im deutschsprachigen Raum das Genitiv-s nur in besonderen Fällen, zum Beispiel zur Unterscheidung von Andrea's und Andreas' zu verwenden ist, scheint die Schildermacher und Ladenbesitzer nicht zu kümmern. Aber wer weiß heute schon noch, was der Wesfall ist? Deshalb scheint das Motto zu lauten: Im Zweifel für den Angeklagten. Und so werden heute einfach alle Wörter, die auf „s" enden, mit einem Apostroph abgetrennt. Besonders beliebt ist hier das Plural-s, das weder im Deutschen noch im Englischen mit einem Apostroph abzutrennen ist. Neben

„Shop's" und Info's" betrifft dies vor allem Abkürzungen, wie zum Beispiel „CD's"
und „PKW's". Selbst Wörter wie samstags, damals und unterwegs werden mittlerweile durch ein Apostroph zerrissen.

Abgesehen vom unnötig abge-
trennten Genitiv-s wurde hier
ein Akzentzeichen als Apostroph
zweckentfremdet.

Das Fugen-S wird seiner Funktion zwischen dem unsinnigen
Apostroph und dem fehlenden
Bindestrich hier wahrlich nicht
mehr gerecht.

Der italienische Plural lautet
Pizzi – der deutsche Pizzen oder
Pizzas. Der doppelte Plural in
„Pizzis" ist also eine seltsame
Wortschöpfung – der Apostroph
in jedem Falle falsch.

Kein Apostroph bei bestimmten Verschmelzungen von Artikel und Präposition

ins Haus; beim Essen; durchs Tor; unters Bett

Kein Apostroph vor dem Plural-s

Infos

Shops

Jobs

E-Mails

Autos

Büros

CDs und DVDs

GmbHs

PCs

Kein Apostroph bei Wörtern, die einfach nur auf „s" enden

rechts; nichts; nirgends; unterwegs; damals

Weitere Beispiele, die oft fälschlicherweise mit Apostroph gebildet werden

Wegen des schlechten Wetters

Tipps des Monats

Samstags geschlossen

Frühstücks-Café

Weihnachtsbaum

Jacobs Krönung

Fundstücke: Apo(kata)strophen

Aufzug Parkdeck +
Shop's im OG

Dienstag`s
Ölwechsel Kostenlos*

* zzgl. Materialkosten

AUTO'S by J.F.
... denn normal gibt's schon!

AUTOHANDEL + SERVICE · www.autos-by-JF.de · Tel. 0170 / 2803987

Neben der falschen Abtrennung des „s" am Wortende (Bilder links), finden sich mittlerweile auch immer mehr andere Buchstaben, die das gleiche Schicksal ereilt (Bild rechts).

3.3.4 Das Et-Zeichen

Das Et-Zeichen, oft auch Kaufmanns-Und genannt, ist eine Buchstabenverbindung und steht für das lateinische *et* („und"). In der deutschen Rechtschreibung ist es offiziell nur zwischen den Namen einer Firma zulässig. In anderen Sprachen, wie zum Beispiel im Englischen und Französischen, ist das Et-Zeichen als freier Ersatz für „und" auch im laufenden Text gebräuchlich.

Außerdem ist das Et-Zeichen der Liebling der Schriftgestalter. Denn kaum ein Zeichen hat einen größeren Variantenreichtum als dieses Zeichen:

3.3.5 Das At-Zeichen

Das mindesten 500 Jahre alte At-Zeichen existierte lange vor der Erfindung des Computers. Eine Theorie vermutet dahinter ein Abkürzung für die Gewichts- oder Volumeneinheit einer Amphore – eine andere eine Buchstabenverbindung des lateinischen Wortes *ad* („zu"). In den letzten Jahrhunderten etablierte sich im englischen Geschäftsverkehr vor allem die Bedeutung „zu einem Preis von" (4 lemons @ 20 cents), analog zum französischen „à" (4 Zitronen à 20 Cent). Der englische Name des Zeichens ist daher seit langem *commercial at*. Da es im geschäftlichen Bereich gebräuchlich war, fand das At-Zeichen auch seinen Weg auf die Schreibmaschinen-Tastaturen und später in den ASCII-Kode. Als bei der Erfindung der E-Mail (1971) nach einem noch ungenutzten Zeichen im Schriftsatz amerikanischer Fernschreiber gesucht wurde, das Benutzer- und Rechnername eindeutig trennen sollte, stieß Ray Tomlinson auf das At-Zeichen, das sich wegen der englischen Bedeutung *at* besonders anbot und seitdem weltweit in dieser Weise angewendet wird.

At-Zeichen	Windows	Mac OS
benutzer@anbieter.de	AltGr Q@	alt⌥ L@

Das At-Zeichen steht in E-Mail-Adressen ohne Leerzeichen. Oft steht das Zeichen leider zu eng und zu hoch – Spationierung und Grundlinienversatz helfen.

Im Deutschen ist nur E-Mail gültig, nicht e-mail, eMail, email oder ähnliches.

ungünstig: E-Mail: post@fonts.info

besser: E-Mail: post@fonts.info

Namensgebung
Abgesehen vom offiziellen Namen haben sich in vielen Sprachen umgangssprachliche Bezeichnungen eingebürgert, die von der Form des Zeichens inspiriert sind. Hier eine kleine Auswahl:

A-Kringel

Affenschaukel

Affenohr

Affenschwanz, Affäschwanz

Arrobe, Arobase (frz. offizielle Schreibweise)

Didahdahdidahdit (Seit Anfang 2004 offizieller Morsecode)

Klammeraffe

petit escargot (französisch: „kleine Schnecke")

Sauschwanzerl (österreichisch)

Snabel-a (schwedisch und dänisch)

kukac (ungarisch: „Wurm")

zavinac (slowakisch: „Rollmops")

3.3.6 Das Paragrafenzeichen

Das einer Zahl vorangestellte Paragrafenzeichen dient in Gesetzen, Verträgen und ähnlichem der Gliederung und Referenzierung der einzelnen Paragrafen. Das Zeichen wird zur nachfolgenden Zahl mit einem geringen Leerraum abgetrennt.

Paragraf-Zeichen	Windows	Mac OS
§ 320	⇧ §3 3	⇧ §3
nach §323 Abs. 2 Nr. 1 BGB		

Das Paragrafenzeichen darf nur in Verbindung mit einer nachfolgenden Zahl gesetzt werden. Es ersetzt nicht das Wort Paragraf in einem Fließtext.

Verweis auf einen Paragraf
nicht: siehe letzter §
sondern: siehe letzter Paragraf
aber: siehe § 12 b

Bezieht man sich auf mehr als einen Paragrafen, werden zwei Paragrafenzeichen nebeneinandergestellt.

Verweis auf mehrere Paragrafen
§§ 412 f. *(die Paragrafen 412 und 413)*
§§ 412 ff. *(die Paragrafen 412 und mehrere darauffolgende)*

3.3.7 Das Gradzeichen

Das Lehnwort Grad stammt vom lateinischen *gradus* („Schritt") und wird vielfältig eingesetzt – zum Beispiel in der Mathematik oder bei Maßeinheiten.

Gradzeichen	Windows	Mac OS
30°	⇧ ^	⇧ ^

Bei Winkeln oder anderen Gradangaben, die ohne Einheit gesetzt werden, wird das Gradzeichen unmittelbar an die Zahl gesetzt und nur im Einzelfall mit einem geringen Abstand versehen.

Gradzeichen ohne Einheit

30° im Schatten

der Winkel beträgt 120°

Folgt der Gradangabe eine Einheit, steht das Gradzeichen ohne Abstand vor der Einheit und ist mit einem geschützen Leerzeichen von der Zahl abgetrennt, damit Zahl und Einheit immer auf einer Zeile stehen.

Gradzeichen mit Einheit

58 °C entsprechen 136,4 °F

Bei durchzukoppelnden Wendungen ersetzt der Bindestrich das Leerzeichen.

20°-Bad bzw. 20-°C-Bad

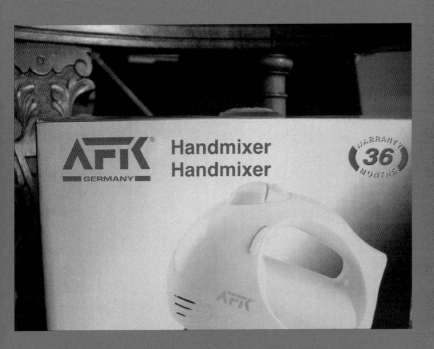

Manchen muss man alles zweimal sagen.

Bild links oben: Minus 50 Prozent vom Preis bedeutet: Preis minus 50 Prozent. Wer hätte es gedacht.

Bild rechts: Für alle, die das Englische nicht verstehen: Der Handmixer heißt auf Deutsch Handmixer.

3.3.8   Die Zeichen für Zoll und Fuß oder Minute und Sekunde

Diese Zeichen sind auf allen Computer-Tastaturen und in allen Standard-Zeichensätzen enthalten. Oft werden sie deshalb fälschlicherweise als Anführungszeichen (siehe Seite 145) und Apostroph (siehe Seite 157) verwendet. Ihre tatsächliche Funktion ist vielfältig. Sie finden sich in Mathematik, in Transliterationen und verschiedenen wissenschaftlichen Fachgebieten. Die häufigste Anwendung finden die Zeichen als Repräsentation der Längenmaße Fuß und Zoll sowie für Minute und Sekunde in geografischen und mathematischen Angaben. Die Zeichen werden dabei direkt an die Zahl gesetzt, und ihnen folgt in der Regel ein Leerzeichen.

Ungewollte Ersetzung
Bei der Tastatureingabe ist darauf zu achten, dass das Anwendungsprogramm die Zeichen nicht, wie oben dargestellt, durch Apostroph oder Anführungszeichen ersetzt. Notfalls können die korrekten Zeichen einfach über die Zeichenpalette oder die direkten Tastaturkürzel eingefügt werden.

Zoll und Fuß, Minute und Sekunde	Windows	Mac OS
12' (Fuß/Minute)	⇧ ' #	⇧ ' #
19" (Zoll/Sekunde)	⇧ " 2	⇧ " 2
21"-Flachbildschirm		
21° 10' 23" *21 Grad, 10 Minuten und 23 Sekunden*		

Für Druckvorlagen, bei denen ein Schriftartwechsel keine Rolle spielt, lassen sich über den Symbol-Font von Windows und Mac OS alternative Zeichen einfügen.

Alternative Schreibweise	Windows Symbol-Font	Mac OS Symbol-Font
12' (Fuß/Minute)	Alt 0 1 6 2	alt $ 4
19" (Zoll/Sekunde)	Alt 0 1 7 8	alt > <

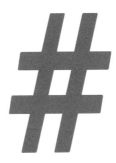

3.3.9 Das Nummer-Zeichen

Dieses Zeichen ist mit verschiedenen Namen und Funktionen besetzt. Als „Raute" (englisch: *hash key*) bezeichnet es eine Funktionstaste am Telefon. In der Programmierung leitet es oft einen Kommentar ein. In vielen Sprachen kennzeichnet es eine Ordnungszahl und wird alternativ zum Numero-Zeichen *No.* verwendet. Das Nummer-Zeichen wird mit einem geringen Leerraum von der Zahl abgetrennt.

Nummer-Zeichen	Windows	Mac OS
#	#	#
#2 *sprich: Nummer 2*		

Umgangssprachlich hat das Nummer-Zeichen viele weitere Namen, zum Beispiel Doppelkreuz, Gartenzaun, Gartenhag (Schweiz), Gatter, Kanalgitter, Lattenkreuz, Lattenzaun, Mengenkreuz, Schweinegatter und Teppich.

Das ähnlich aussehende, musikalische Erhöhungszeichen ♯ ist ein eigenes Zeichen und sollte möglichst nicht durch das Nummer-Zeichen ersetzt werden.

Musikalisches Erhöhungszeichen
G♯ *(Gis)*
nicht: G#

Alternatives Nummer-Zeichen
Ein alternatives Zeichen zur Darstellung einer Ordnungszahl ist das Numero-Zeichen, das zum Beispiel in Großbritannien und Russland bevorzugt verwendet wird. Es existiert als eigenes Zeichen oder wird als Abkürzung mit einem hochgestellten o gebildet.

№ 1 2 Privet Drive

%

3.3.10 Prozent- und Promillezeichen

Herkunft des Prozentzeichens
In einigen Schriftarten lässt sich die Entwicklung des Prozentzeichens aus der geschriebenen Abkürzung „cto" noch erahnen.

Das Hundertstel wurde bereits von den Römern zur Festlegung von Steuern auf verkaufte Güter benutzt. Im Laufe des Mittelalters bekam die Prozentrechnung dann einen festen Platz in den Finanzberechnungen der Geschäftswelt. In Italien schrieb man zunächst *per cento* („pro Hundert"). Man nimmt an, dass die später nur noch *cto* abgekürzte Form sich mit der Zeit zum heutigen Prozentzeichen entwickelt hat. Das erst wesentlich später entstandene Promillezeichen lehnt sich an das bereits ausgebildete Prozentzeichen an und bildet lediglich eine Erweiterung.

Prozent- und Promille-Zeichen	Windows	Mac OS
35|%	⇧ %5	⇧ %5
35|‰	Alt 0 1 3 7	alt ⇧ E €

Prozent- und Promillezeichen werden meist durch einen geringen Leerraum von der Zahl abgetrennt. Sie dürfen nur in Verbindung mit einer Zahl angewendet werden und bilden ansonsten keinen allgemeinen Ersatz für die Wörter Prozent und Promille.

Prozent- und Promillezeichen
Erfolgsrate: 100|%
Blutalkoholspiegel: 1,2|‰
die 5|%-Hürde
nicht: Wieviel ‰ hatte er im Blut?

3.3.11 Schutz- und Markenzeichen

Markenzeichen

Eine Marke – auch unter dem Begriff Warenzeichen bekannt – ist rechtlich ein besonderes Zeichen, das dazu dient, im Handelsverkehr bestimmte Waren oder Dienstleistungen eines Unternehmens von gleichartigen Waren und Dienstleistungen anderer Unternehmen zu unterscheiden. Häufig werden Warenzeichen mit einem ® (in Deutschland) oder ™ (Trademark – vor allem von US-Firmen gebraucht) als Hinweis auf den eingetragenen oder zu beanspruchenden Markenschutz gekennzeichnet. Die Zeichen werden meist ohne Abstand an den Markennamen gesetzt. In vielen Schriftarten sind die Zeichen leider in voller Versalhöhe gestaltet. Da die Zeichen aber lediglich hinweisende Funktion haben und nicht gesprochen werden, empfiehlt sich dann, die Schriftgröße des Zeichen angemessen zu verkleinern und eine Hochstellung vorzunehmen.

Markenkennzeichnung	Windows	Mac OS
Name®	Alt 0 1 7 4	alt R
Name™	Alt 0 1 5 3	alt D

ungünstig: Jahresbericht Firma® 2006

besser: Jahresbericht Firma® 2006

Wäscht noch weißer als weiß™

Copyright

Ein Copyright-Vermerk (Symbol: ©) oder auch Urheberrechtshinweis ist eine besondere Kennzeichnung des Urhebers eines Werkes, die darauf hinweist, dass ein Anspruch des Urhebers auf dieses Werk besteht.

Copyright-Zeichen	Windows	Mac OS
© 2005	[Alt] [0] [1] [6] [9]	[alt ⌥] [G]

Da man in Deutschland mit der Erstellung eines Werkes automatisch Urheber wird, ist das Zeichen hier auf Grund der Rechtsunwirksamkeit überflüssig. Dies gilt heute auch für viele andere Staaten – dennoch ist der Einsatz des Copyright-Zeichens nach wie vor die Regel, auch wenn es rechtlich meist nicht mehr erforderlich ist und eher eine hinweisende Funktion erfüllt. Der Copyright-Vermerk wird mit dem Wort *Copyright* oder dem entsprechenden Symbol (©) eingeleitet – beides zu kombinieren ist eine unnötige Doppelung. Anschließend folgt der Zeitraum des Copyrights sowie der Inhaber.

Copyright-Hinweis
Copyright 2005–2006 by mitp-Verlag/Bonn
© 2005–2006 mitp-Verlag/Bonn
üblich, aber unnötig: Copyright © 2005–2006 mitp-Verlag/Bonn

3.3.12 Stern, Kreuz und Doppelkreuz

Stern, Kreuz, Doppelkreuz	Windows	Mac OS
*	⬆ `* + ~`	⬆ `* +`
†	Alt `0` `1` `3` `4`	`alt ⌥` `T`
‡	Alt `0` `1` `3` `5`	`alt ⌥` ⬆ `Y`

Stern und Kreuz als genealogische Zeichen

Stern und Kreuz können anstelle der Wörter „geboren" und „gestorben" verwendet werden und sind den Daten mit einem geringen Leerraum vorangestellt.

Genealogische Zeichen

Samuel Morse (*27. April 1791, †2. April 1872)

Fußnotenverweise

Wenn für die Seiten eines Dokuments nie mehr als drei Fußnoten benötigt werden, können anstelle von Fußnotenzahlen auch die Sternchen verwendet werden, die dem Wort direkt folgen. Bei mehr als drei Verweisen sind die abgebildeten, hochgestellten Sonderzeichen – oder besser gleich Fußnotenzahlen – zu verwenden.

Fußnotenverweise

Gemeine Schusterjungen* mit Gänsefüßchen** sperren*** sich gegen den Umbruch. Grotesk!

Gemeine* Schusterjungen† mit Gänsefüßchen‡ sperren§ sich gegen den Umbruch¶. Grotesk‖!

€$¥

3.4 Besondere Satzregeln

3.4.1 Währungen und Währungszeichen

Ein Währungszeichen ist ein besonderes Schriftzeichen, das als Abkürzung für eine Währung verwendet wird. Es wird je nach Land entweder nach (12,80 €) oder vor dem Betrag ($ 12,80) geschrieben.

Währungszeichen	Windows	Mac OS
€ Euro	[Alt Gr] [E €]	[alt] [E €]
$ Dollar	[⇧] [$ 4]	[⇧] [$ 4]
£ Pfund	[Alt] [0] [1] [6] [3]	[alt] [⇧] [$ 4]
¥ Yen	[Alt] [0] [1] [6] [5]	[alt] [Y]
¢ Cent (veraltet)	[Alt] [0] [1] [6] [2]	[alt] [$ 4]

Währungssymbole, die für mehrere Währungen gelten, werden, um Verwechselungen auszuschließen, auch zusammen mit Buchstabenkürzeln verwendet, zum Beispiel „kan$" für kanadische Dollar. Im internationalen Verkehr werden Abkürzungen nach ISO 4217 ihrer Eindeutigkeit wegen bevorzugt, zum Beispiel EUR, CAD (Kanadische Dollar), USD (US-Dollar), CHF (Schweizer Franken) und JPY (Japanische Yen). Diese Schreibweise umgeht auch die Problematik, dass nicht alle Währungszeichen in den gängigen Zeichenkodierungen enthalten sind.

Folgt das Währungszeichen dem Betrag, steht es in der Regel mit einem geringen Leerraum, notfalls mit einem Leerzeichen.

> **Währungszeichen nach der Zahl**
>
> 25,–€
>
> *aber niemals anliegend:* 25,–€

Steht das Währungszeichen vor der Zahl, ist ebenso ein geringer Leerraum zweckmäßig – oft entfällt er aber auch.

> **Währungszeichen vor der Zahl**
>
> $ 20,50 *oder* $20,50

Ausgeschriebene Währungsangaben werden im Deutschen immer nachgestellt und mit einem Leerzeichen abgetrennt.

> **Ausgeschriebene Währungen**
>
> 25,– Euro
>
> 20,50 Dollar

Unterteilung von Geldbeträgen

Die Unterteilung von Geldbeträgen folgt dem allgemeinen Schema zur Trennung von Zahlen. Bei mehr als drei Stellen links oder rechts vom Komma wird, von diesem ausgehend, in dreistellige Gruppen mit einem geringen Leerraum unterteilt. Die alternative Möglichkeit, die Gliederung durch eingefügte Punkte zu erzeugen, ist mit großer Vorsicht zu verwenden. Hier können leicht Missverständnisse auftreten, da der Punkt in vielen Sprachen selbst der Dezimaltrenner ist.

> **Unterteilung von Geldbeträgen**
>
> 1 250 000,– Euro
>
> *nur in Deutschland/Österreich:* 1.350,25 Euro
>
> *Bei 4-stelligen Beträgen:* 3 500,50 € *oder* 3500,50 €

z. B.

3.4.2 Abkürzungen

Abkürzungen sind ein beliebtes Mittel, um die Kommunikation, insbesondere in ihrer schriftlichen Form, zu beschleunigen. Innerhalb von geschlossenen Gruppen bilden sich stets rasch Abkürzungen aus, sei es in Betrieben, Fachgebieten oder ganzen Sprachregionen. Indem Wörter und Wortgruppen zu Akronymen (Beispiel: BAföG), Kurzwörtern (Beispiel: vgl.) oder Initialwörtern (Beispiel: CD) verkürzt werden, einigt man sich stillschweigend auf eine Kodierung der zu Grunde liegenden Begriffe. Solange dieser neue Kode innerhalb der Gruppe verwendet wird, ist er für alle beteiligten verständlich. Problematisch und fragwürdig werden Abkürzungen aber immer dann, wenn sie den Kontext der Gruppe verlassen und an andere gerichtet werden. Dann wird der Kode oft unverständlich, da er von Außenstehenden nicht dechiffriert werden kann oder missverständlich ist, wenn verschiedene Bedeutungen möglich sind. In einem Musikgeschäft steht *CD* fast selbstverständlich für *Compact Disk* – in einer Werbeagentur jedoch bedeutet es *Creative Director* oder *Corporate Design,* bei einem Programmierer *Change Directory* und an der Börse *Certificate of Deposit.*

Hinzu kommt, dass eine Abkürzung meist unnötig das Lesen behindert. Während unsere Augen beim Lesen über die Wörter der Zeilen springen und bekannte Wörter leicht erfasst werden, kommt es bei Abkürzungen zu Rücksprüngen, da diese erst dechiffriert werden müssen. Neben den oben erwähnten fachspezifischen Wendungen sind auch typische Abkürzungen wie p. P. für *pro Person* und u. U. für *unter Umständen* für Notizen, in Kurzmitteilungen und E-Mails sinnvoll – in Drucksachen hingegen sollten sie unbedingt vermieden werden. Auch werden Visitenkarten nicht *cool*, wenn man Telefon durch Tel., Fon oder gar T abkürzt. Der Zweck der Visitenkarte ist die Kontaktaufnahme. Diese sollte, zum Beispiel für Ausländer, mit solchen Abkürzungen nicht unnötig erschwert werden. Gleiches gilt für

Bücher, Prospekte und Plakate. Die Unmissverständlichkeit des Inhaltes sollte immer eine hohe Priorität haben. Da die meisten Abkürzungen diesem Vorsatz aber abträglich sind, sollten sie nach Möglichkeit vermieden werden.

Abkürzungen mit Punkt

Der Punkt kann Abkürzungen anzeigen, wobei die Frage, ob diese mit oder ohne Punkt gebildet werden, nicht immer verbindlich geregelt ist. In der Regel werden Abkürzungen von Eigen- und Ortsnamen sowie von häufig gebrauchten Wörtern, deren voller Wortlaut bekannt ist, mit einem Abkürzungspunkt gebildet.

Abkürzungen mit Punkt	
z. B.	*gelesen: zum Beispiel*
u. a.	*gelesen: unter anderem*
usw.	*gelesen: und so weiter*
vgl.	*gelesen: vergleiche*
Dr.	*gelesen: Doktor*
Frankfurt a. M.	*gelesen Frankfurt am Main*

Nach dem Ende der Abkürzung folgt ein Leerzeichen. Stehen aber innerhalb der Abkürzung Punkte, werden diese mit einem geringen Leerraum vom nächsten Buchstaben abgetrennt. Dadurch wird die Zusammengehörigkeit der Elemente der Abkürzung verdeutlicht. Die Schreibweise mit Leerzeichen innerhalb der Abkürzung sollte deshalb nur verwendet werden, wenn das Anwendungsprogramm nicht über eine Möglichkeit verfügt, geringere Abstände zu setzen.

Schließt der Satz mit der Abkürzung ab, wird der Abkürzungspunkt auch zum Schlusspunkt. Andere Satzzeichen wie Frage- und Ausrufezeichen werden aber gesetzt.

Abkürzungen am Satzende
Wir lernen den Gebrauch von Satzzeichen u. v. a.
Ist das für Dich O. K.?

Abkürzungen ohne Punkt

Wird eine Abkürzung auch buchstabenweise ausgesprochen, bildet sie ein so genanntes Buchstabenwort. Diese werden meist ohne Punkt und ohne Leerzeichen geschrieben. In der Regel bilden sich solche Abkürzungen aus den Anfangsbuchstaben der beteiligten Wörter – man spricht deshalb auch von Initialwörtern.

Buchstabenwörter

GmbH	*sprich: ge-em-be-ha*
LKW	*sprich: el-ka-we*
ADAC	*sprich: a-de-a-ze*
ARD	*sprich: a-er-de*
DVD	*sprich: de-fau-de*

Der Plural wird bei diesen Wörtern durch Beugung der Abkürzung gebildet, auch wenn die zu Grunde liegenden Begriffe bereits im Plural sind (zum Beispiel bei „Allgemeine Geschäftsbedingungen"). Da das Buchstabenwort nur abgekürzt ausgesprochen wird, ist die Beugung der Abkürzung die einzige Möglichkeit, Singular und Plural zu unterscheiden, speziell wenn der Artikel fehlt oder Singular und Plural bei weiblichen Abkürzungen gleich lauten. Das immer klein geschriebene Plural-S wird stets direkt an die Abkürzung gesetzt und auf keinen Fall, wie häufig zu sehen, mit einem Apostroph abgetrennt (vergleiche Seite 157).

Pluralbildung von Buchstabenwörtern

die GmbHs

die AGBs

auch: die AGB

die PKWs

auch: die PKW

niemals: die GmbH's, die AGB's, PKW's

Akronyme sind, im Gegensatz zu den Buchstabenwörtern, Abkürzungen, die als eigenes Wort gesprochen werden. Da sie in der Regel ohne Punkte gesetzt werden, zeigt meist nur das Schriftbild an, dass es sich hier um ein Kunstwort handelt. Vereinzelt hat sich im Lauf der Zeit auch eine Schreibweise entwickelt, die derjenigen normaler Substantive gleicht – zum Beispiel bei Radar, ein Akronym für *Radio Detection And Ranging*.

Akronyme	
NATO	*North Atlantic Treaty Organization*
BAföG	*Bundesausbildungsförderungsgesetz*
DAX	*Deutscher Aktienindex*
TÜV	*Technischer Überwachungsverein*

Auch Maßeinheiten und Währungsbezeichnungen bilden Abkürzungen, die ohne Abkürzungspunkt gebildet werden.

Maßeinheiten und Währungen	
cm	*gelesen: Zentimeter*
kg	*gelesen: Kilogramm*
EUR	*gelesen: Euro*
CHF	*gelesen: Schweizer Franken*

Fundstücke: Denglisch

Im Deutschen *Galerie,* im Englischen *gallery.* Beides stammt zwar nicht von Galle ab, aber diese könnte einem schnell hochkommen, wenn wieder einmal das deutsch-englische Kunstwort *Gallerie* auftaucht. Und dies ist nicht selten. Die Suchmaschine Google findet schon über zwei Millionen deutsche Seiten, die dieses „Wort" benutzen – vielfach sogar im Domainnamen selbst.

Der Gestalter des obigen Schildes scheint zudem PC-Benutzer zu sein und schon zu viele EXE-Dateien geöffnet zu haben. Anders ist diese *exzellente* Rechtschreibung nicht zu begründen.

kg

3.4.3 Maßeinheiten

In früheren Zeiten wurden Maßeinheiten über Referenzkörper definiert, die die entsprechende Eigenschaft hatten. Gut geeignet sind dazu Längenmaße, Volumen und Massen, die über Metallstäbe, Kugeln oder Hohlgefäße darstellbar sind. An repräsentativer Stelle befestigt, häufig in der Fassade des Rathauses eingemauert, ermöglichten sie jedem, seine eigenen Messgeräte zu eichen. Das Kilogramm ist die letzte offizielle Maßeinheit, die heute noch auf diese Weise definiert ist. Die Einheiten wurden früher sehr willkürlich und ohne Beziehung zueinander, aber nach praktischen Gesichtspunkten, wie Längenabmessungen am menschlichen Körper (zum Beispiel Fuß oder Elle) festgelegt.

Werden die Maßeinheiten abgekürzt vor einer Zahl verwendet, werden sie mit einem geringen Leerraum abgetrennt. Steht die Möglichkeit, einen geringen Leerraum zu setzen, nicht zur Verfügung, wird ein geschütztes Leerzeichen gesetzt. Bei ausgeschriebenen Maßeinheiten steht immer ein geschütztes Leerzeichen.

Maßeinheiten
25,5 cm
25,5 Zentimeter
aber nicht: Eine Länge von elf cm.

1×1

3.4.4 Mathematische Zeichen

Die Standardzeichenkodierungen sind mit einem Grundstamm häufiger mathematischer Zeichen ausgestattet. Dazu zählen zum Beispiel die Operatoren der Grundrechenarten und typische Vergleichsoperatoren. Die folgenden Tabellen zeigen die mathematischen Zeichen, die in den gängigen Zeichenkodierungen per Tastaturkürzel zu erreichen sind. Für den professionellen Formelsatz sind die Möglichkeiten der meisten Textverarbeitungs- und Layout-Programme oft beschränkt, auch wenn integrierte Formeleditoren die Eingabe teilweise erleichtern. In wissenschaftlichen Publikationen wird deshalb oft auf spezielle Satzsysteme wie zum Beispiel „TEX" zurückgegriffen, die über eine integrierte Makro-Sprache besonders auf den Formelsatz zugeschnitten sind.

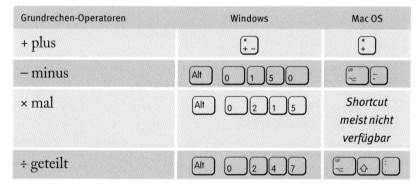

Grundrechen-Operatoren	Windows	Mac OS
+ plus	[* + ~]	[* +]
− minus	[Alt] [0] [1] [5] [0]	[alt ⌥] [-]
× mal	[Alt] [0] [2] [1] [5]	*Shortcut meist nicht verfügbar*
÷ geteilt	[Alt] [0] [2] [4] [7]	[alt ⌥] [⇧] [:]

Im einfachen Formelsatz in Textverarbeitungs- und Layout-Programmen, können Leerzeichen oder geringe Leerräume zwischen Zahlen und Operatoren gesetzt werden. Das Mal-Zeichen (×) sollte nur im Notfall durch den Buchstaben „x" ersetzt werden. Da das entsprechende Tastaturkürzel im Mac OS in den meisten Anwendungen nicht verfügbar ist, kann das Zeichen in modernen Unicode-Fonts über die Zeichenpalette oder andere Tools wie *PopChar* eingefügt werden.

Mathematischer Satz

100 ▌÷▐ 10

$4 + 4 - 1 = 7$

Im nicht-mathematischen Satz sind dagegen oft geringere Leerräume vorteilhaft. Als Teil von Firmen- oder Produktnamen können mathematische Zeichen natürlich auch ohne jegliche Abstände gesetzt werden.

Nicht-mathematischer Satz

8⟨×⟩4-Deo für verschwitzte 4⟨×⟩100-Meter-Staffel-Läufer

Format: 21⟨×⟩29,7 cm

URW++ Design & Development GmbH

Weitere Operatoren	Windows	Mac OS
< kleiner	[> <]	[> <]
> größer	[⇧] [> <]	[⇧] [> <]
= ist gleich	[⇧] [= 0]	[⇧] [= 0]
± plus-minus	[Alt] [0] [1] [7] [7]	[alt ≈] [* +]
¬ logisch nicht	[Alt] [0] [1] [7] [2]	[alt ≈] [⇧] [! 1]

Der Standard-Zeichensatz des Mac OS besitzt viele mathematische Zeichen, die unter Windows nicht über Tastaturkürzel erreichbar sind (siehe folgende Tabelle). Die unicodebasierten Standardfonts, zum Beispiel *Arial Unicode MS* oder der Symbolfont von Windows und Mac OS, verfügen aber in aller Regel über diese, und viele weitere, mathematische Zeichen, die über Hilfsmittel wie die *Zeichentabelle* oder *PopChar* eingefügt werden können.

Mathematische Zeichen im Mac-OS-Zeichensatz	Mac OS
≠ ungleich	alt = 0
≤ kleiner gleich	alt <
≥ größer gleich	alt ⇧ >
≈ ungefähr	alt X
√ Wurzel	alt V
∞ unendlich	alt ;
∫ Integral	alt B
Σ Summe	alt W
π pi	alt P

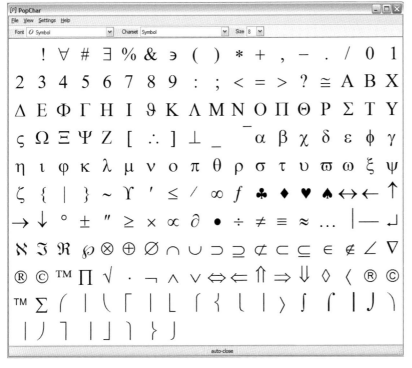

Symbol-Font

Über den in Windows und im Mac OS in nahezu identischer Form verfügbaren Symbol-Font lassen sich zusätzliche mathematische Zeichen in ein Dokument einfügen.

Hier findet sich auch das Zeichen für Durchschnitt (∅), das nicht mit den Buchstaben ø und Ø verwechselt werden sollte.

3.4.5 Diakritische Zeichen

Auch wenn es auf den ersten Blick anders scheinen mag: Prinzipiell besteht zwischen einer Sprache und deren Schrift kein direkter Zusammenhang. Die Laute einer Sprache können stets in beliebige Schriftsysteme transkribiert werden. Man denke zum Beispiel an das Türkische, das 1928 vollständig von arabischer auf lateinische Schrift umgestellt wurde. Um aber die typischen Phoneme einer Sprache einfach wiedergeben zu können, müssten den Zeichen andere Laute zugewiesen werden. Alternativ sind Kombinationen von Zeichen nötig (zum Beispiel im Deutschen „sch"), neu erfundene Zeichen (zum Beispiel die unterschiedlichen Buchstaben für die kyrillischen Zischlaute) oder aber diakri-

Netter Versuch
Ein diakritisches Zeichen ist ein eigenes Zeichen und entsteht keinesfalls durch ein nachgestelltes Element.

tische Zeichen. Diese zu den Buchstaben hinzugefügten Punkte, Striche, Häkchen oder Kringel markieren somit eine besondere Aussprache oder Betonung. Besonders verbreitet sind diakritische Zeichen in den Schriften, die auf dem lateinischen Alphabet beruhen.

Die Eingabe diakritischer Zeichen

Als elementarer Bestandteil der jeweiligen Schrift sind die diakritischen Zeichen in den jeweiligen Tastaturlayouts berücksichtig. Eine französische Tastatur verfügt deshalb selbstverständlich über eigene Tasten, um die Zeichen, die auf den oft benutzten französischen Akzenten (Akut, Gravis und Zirkumflex) beruhen, wiedergeben zu können. Auf den Tastaturen anderer Sprachen müssen die Akzentbuchstaben über eine Kombination von Akzent- und Buchstabentaste eingegeben werden. Diese Technik stammt noch von den Schreibmaschinen. Hier wurde zunächst der Akzent eingegeben, der aber keinen Zeichenvorschub erzeugte.

Danach konnte man den entsprechenden Buchstaben darunter (oder darüber) setzen. Dies funktioniert bei Computer-Tastaturen noch in ähnlicher Weise. Das Drücken einer Akzenttaste bewirkt zunächst scheinbar gar nichts. Man spricht deshalb auch von den so genannten *Tot-Tasten*. Der Computer wartet nämlich auf die Eingabe eines Buchstabens, der mit diesem Akzent kombiniert werden soll. Erst nach Eingabe dieses Buchstabens erfolgt die Ausgabe des gewünschten Akzentbuchstabens.

Akzentbuchstaben-Eingabe über Tot-Tasten

Die Eingabe von ⌷ und ⌷ und erzeugt á
Die Eingabe von ⌷ ⌷ und ⌷ und erzeugt à

Ist die gewünschte Kombination aus Buchstabe und Akzent im Zeichensatz nicht vorhanden, wird der Akzent und der Buchstabe nacheinander ausgegeben. Es erfolgt also keine Akzentbildung.

Akzenteingabe

Die Eingabe von ⌷ und ⌷ und erzeugt ê

aber: Die Eingabe von ⌷ und ⌷ und erzeugt ^x

Um einen Akzent einzeln zu setzen, kombiniert man ihn mit der Leertaste.

Akzente einzeln setzen

Die Eingabe von ⌷ und ⌷ und erzeugt ´

Die Tabellen auf der folgenden Seite zeigen die wichtigsten Akzente, die in den Standardzeichenkodierungen von Windows und Mac OS enthalten sind und sich über Tastaturkürzel eingeben lassen. Mit diesen Akzenten lassen sich die meisten westeuropäischen Sprachen abdecken. Für die diakritischen Zeichen anderer Sprachen, zum Beispiel Polnisch, Tschechisch, Türkisch und so weiter, muss auf Fonts ausgewichen werden, die nur für diese Sprachen gemacht sind, oder ein gut ausgebauter OpenType-Font zum Einsatz kommen, der die verschiedenen Schriftsysteme in sich vereint.

Akzente

Liste der wichtigsten Akzente in den Standardzeichensätzen von Windows und Mac OS.

Die in Klammern angegebenen Zeichen werden analog zum beispielhaft gezeigten Zeichen eingegeben.

Kleinbuchstaben-Akzente	Windows	Mac OS
á (é ó ú í)	[´] [A]	[´] [A]
à (è ò ù ì)	[⇧] [`] [A]	[⇧] [`] [A]
â (ê ô û î)	[^] [A]	[^] [A]
ä (ö ü)	[Ä]	[Ä]
ë	[Alt] [0] [2] [3] [5]	[alt] [U] [E €]
ï	[Alt] [0] [2] [3] [9]	[alt] [U] [I]
ÿ	[Alt] [0] [2] [5] [5]	[alt] [U] [Y]
å	[Alt] [0] [2] [2] [9]	[alt] [A]
ã	[Alt] [0] [2] [2] [7]	[alt] [N] [A]
ñ	[Alt] [0] [2] [4] [1]	[alt] [N] [N]
ç	[Alt] [0] [2] [3] [1]	[alt] [C]

Großbuchstaben-Akzente	Windows	Mac OS
Á (É Ó Ú Í)	[´] [⇧] [A]	[´] [⇧] [A]
À (È Ò Ù Ì)	[⇧] [`] [⇧] [A]	[⇧] [`] [⇧] [A]
Â (Ê Ô Û Î)	[^] [⇧] [A]	[^] [⇧] [A]
Ä (Ö Ü)	[⇧] [Ä]	[⇧] [Ä]
Ë	[Alt] [0] [2] [0] [3]	[alt] [U] [⇧] [E €]
Ï	[Alt] [0] [2] [0] [7]	[alt] [U] [⇧] [I]
Ÿ	[Alt] [0] [1] [5] [9]	[alt] [U] [⇧] [Y]
Å	[Alt] [0] [1] [9] [7]	[alt] [⇧] [A]
Ã	[Alt] [0] [1] [9] [5]	[alt] [N] [⇧] [A]
Ñ	[Alt] [0] [2] [0] [9]	[alt] [N] [⇧] [N]
Ç	[Alt] [0] [1] [9] [9]	[alt] [⇧] [C]

Die Umlaute

Das Trema (¨) ist ein Akzentzeichen, das in der Regel eine getrennte Aussprache von aufeinander folgenden Vokalen kennzeichnet, zum Beispiel in *Citroën*. Die deutschen Umlaute (ä, ö, ü) entsprechen heute formal diesen, mit dem Trema gebildeten, Akzentbuchstaben und werden identisch kodiert, haben aber im Deutschen eine andere Funktion. Sie kennzeichnen hier eine Veränderung derjenigen Vokale, auf die eine Beugungs- oder Ableitungssilbe folgt oder früher folgte, die den Vokal „i" oder den Halbvokal „j" enthält.

In gebrochenen Schriften wurden die Umlaute zunächst durch ein nachgestelltes oder über den Buchstaben gestelltes kleines „e" gebildet. In der Kurrentschrift ähnelte das „e" später eher dem lateinischen Buchstaben „n" und wurde im Laufe der Zeit nur noch vereinfacht als zwei schräge Striche dargestellt. Heute werden die Umlaute in erster Linie durch einen über das Zeichen gesetzten Doppelpunkt gebildet – analog zu den Akzentbuchstaben mit Trema. Die Auflösung der Umlaute („ae" statt „ä", „oe" statt „ö" und so weiter) ist heute nicht mehr üblich und wird nur noch im Notfall dort angewandt, wo der verwendeten Schrift oder dem Zeichensatz die Umlaute fehlen.

Entstehung der Umlaute
Zunächst als „e" über den Vokal geschrieben (links), werden aus dem Kurrent-e (rechts) später Striche und schließlich Punkte.

Ähnlich zu den deutschen Umlauten haben sich die Zeichen „æ" und „œ" entwickelt, die dem Lautwert nach in etwa „ä" und „ö" entsprechen. Statt über das Zeichen zu wandern, ist das „e" hier aber mit dem Vokal zu einer Ligatur verschmolzen. In den skandinavischen Sprachen, wie zum Beispiel dem Dänischen, wird der Umlaut „ö" über das Zeichen „ø" wiedergegeben – ein „o" mit einem Schrägstrich, das nicht mit dem Zeichen für *Durchschnitt* verwechselt werden sollte.

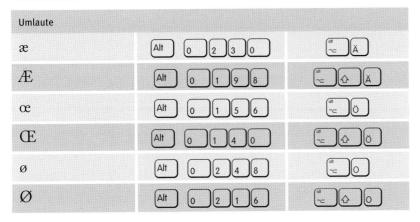

Umlaute							
æ	Alt	0	2	3	0		alt ⤶ + Ä
Æ	Alt	0	1	9	8		alt ⤶ + ⇧ + Ä
œ	Alt	0	1	5	6		alt ⤶ + ö
Œ	Alt	0	1	4	0		alt ⤶ + ⇧ + ö
ø	Alt	0	2	4	8		alt ⤶ + o
Ø	Alt	0	2	1	6		alt ⤶ + ⇧ + o

Fundstück: Ümlaute

„Wegen mangelnder Kenntnisse im Umgang mit Umlauten geben wir unser Geschäft leider auf."

ß

3.4.6 Das Eszett

„Andere sprachen haben Akzente (á, é, à, è), setzen ihren Buch-
staben lustige Hütchen auf (â, û, ê, î), durchbohren sie mit einem
Querbalken (Ø), hängen ihnen Schwänzchen an (ç), verknoten sie
(æ) oder föhnen ihnen wellige Frisuren (ñ, ã), die deutsche Sprache
[...] erfand die Umlaute und jenen Buchstaben, der im Alphabet
zwar nicht vorkommt, in unserer Schriftsprache aber eine so große
Rolle spielt, dass er auf deutschsprachigen Tastaturen eine eigene
Taste bekommen hat: das Eszett.“

Bastian Sick

Das Eszett steht heute sinnbildlich für die deutsche Sprache, da es nur noch in ihr benutzt wird. Dennoch bereitet kaum ein Zeichen den Deutschen und Österreichern soviel Probleme im Schriftsatz wie eben *ihr* Eszett. Man kann das Eszett zwar nicht direkt als Sonderzeichen betiteln – ein besonderes Zeichen ist es aber allemal. Denn wie kaum ein anderes Zeichen hat es eine sehr bewegte Geschichte, in der sich Funktion, Aussehen und Anwendung immer wieder änderten. Die Kenntnis der Herkunft des Eszett ist aber wichtig, da sich die heutige Schreibung teilweise noch aus der Entwicklung des Zeichens ableiten lässt.

Die einzige Aussage, die sich übrigens zweifelsfrei machen lässt, ist, dass *Eszet* eine sprachliche Abkürzung für die Anfangsbuchstaben der Firmeninhaber von *Stängel & Ziller,* der berühmten Stuttgarter Schokoladenfabrik, ist.

Die Herkunft des Buchstabens Eszett ist um einiges schwieriger zu bestimmen und lässt sich auch nicht einfach in einem Satz zusammenfassen – auch wenn dies immer wieder in der Fachliteratur getan wird.

Eine umfassende Untersuchung der Geschichte des Eszett findet sich im *Gutenberg-Jahrbuch 2001* und stammt von Prof. Dr. Herbert E. Brekle. Er findet nicht weniger als drei unterschiedliche Ursprünge des Buchstabens. Die erste Form bildet eine Abkürzung in lateinischen Wörtern in mittelalterlichen Schreibstuben des 13. bis 16. Jahrhunderts. Inwieweit die Gestaltung diese Abkürzungszeichens mit den späteren Eszett-Formen interagieren, ist bislang nicht eindeutig belegt. Ein funktionaler Zusammenhang ist aber eher unwahrscheinlich. Wesentlich bedeutsamer für die Entwicklung zum heutigen Eszett sind die Ursprünge des Zeichens in einer Ligatur, das heißt einer Buchstabenverbindung zweier Zeichen.

Der Ursprung des Eszett in der Antiqua-Kursive

In Italien entstehen in der Renaissance meisterliche Kursivhandschriften, die später auch zum Vorbild für die kursiven Buchdruckschriften werden. Zu dieser Zeit kommt neben dem heute üblichen Rund-S auch noch das Lang-S zum Einsatz.

abcdefghijkklmnopqrstuvv
wxyzz äöüchckckfffiflftßfbffiffl
ggijisllspsttuset áèïôùç

In lateinischen, italienischen und französischen Texten, die mit der schwungvollen Antiqua-Kursive geschrieben sind, findet sich im Wortinneren nun immer öfter ein Eszett aus Lang-S und Rund-S als freie Variante für die Ligatur zweier Lang-S-Zeichen. Der Ligaturbogen, der die beiden Bestandteile des Eszett miteinander verbindet, bildet dabei eine freie kalligraphische Verbindungslinie. Das Eszett erfüllt hier also offenbar noch eine rein gestalterisch-schmückende Funktion.

Typoart-Garamond
In Antiqua-Schriften lassen sich Lang-S und Rund-S, als Bestandteile der Eszett-Ligatur, meist noch gut erkennen.

Der Ursprung des Eszett in gotischen Schriften

Bereits zu Beginn des 14. Jahrhunderts tritt nach Brekle ein Eszett in gotischen Buch- und Bedarfsschriften auf, diesmal jedoch als klar erkennbare Buchstabenverbindung von Lang-S und „z" mit Unterlänge.

Die Tschichold-These
Der Typograf Jan Tschichold wollte mit dieser Zeichnung (links) zeigen, dass auch das Fraktur-Eszett eine Ligatur aus Lang- und Rund-S ist. Diese umstrittene These wird heute meist abgelehnt, hat sich aber dennoch weit verbreitet. Schon die Schreibabfolgen in der Fraktur sprechen aber klar für ein „z" statt „s" (siehe rechts).

1　2　3　4

1, 2 Die zwei s-Formen der Fraktur
3 Dieselben, vereinigt, ergeben das ß
4 ß der Lutherschen Fraktur

Fleischmann-Gotisch
Bei gebrochenen Schriften erkennt man, im Gegensatz zur Antiqua, das Eszett (1) als Ligatur aus Lang-S und „z" (2). Die Gestalt des Rund-S (3) hat mit der Form und dem Federzug des Eszett wenig gemein.

Dies geht einher mit einem zuvor stattgefundenen Lautwandel in den germanischen Sprachen, wodurch sich das Hochdeutsche von den übrigen germanischen Sprachen absondert. Neben dem germanischen S-Laut (zum Beispiel in *Haus*; niederdeutsch *huus*; englisch *house*) bildete sich im Inlaut und Auslaut von Wörtern ein weiterer S-Laut aus dem germanischen „t" (zum Beispiel englisch *that*; niederdeutsch *dat*; aber neuhochdeutsch *das* bzw. *daß*). Für den neuen Laut werden zunächst verschiedene Schreibweisen verwendet, zum Beispiel *wazar* oder *wazzar* für Wasser. Im 14. Jahrhundert setzt sich aber zunehmend die einheitliche Schreibweise „sz" durch, die die Entwicklung der Buchstabenligatur Eszett begründet und im Buchdruck später in der Form des Lang-S und „z" auf einer Drucktype vereint wird.

Die Neuinterpretation des Eszett

Das Eszett der kursiven Antiqua wurde im Laufe des 18. Jahrhundert zunächst bedeutungslos, da in englischen und französischen Texten generell auf die Verwendung des Lang-S verzichtet wird und eine Ligatur aus Lang-S und „s" somit überflüssig wurde. Das Eszett der gebrochenen Schriften hingegen überlebte vor allem in Deutschland bis ins 20. Jahrhundert. Denn während sich die Antiqua im europäischen Raum immer weiter durchsetzte, druckte man in Deutschland weiterhin auch in Fraktur. Diese erlebte ihr letztes Aufbäumen während der Zeit des Nationalsozialismus. Zunächst als „wahre deutsche Schrift" noch einmal gefördert und staatlich gefordert, erlebte sie ein jähes Ende, als die Reichskanzlei 1941 überraschend in einem Erlass verfügte, die so genannten „Schwabacher Judenlettern" nicht mehr zu verwenden. Stattdessen sei nun die Antiqua als „Normalschrift" anzusehen. Damit war auch in Deutschland das Ende der gebrochenen Schriften besiegelt – lediglich auf Zeitungsköpfen und bei Gaststätten finden sie sich ab und zu noch. Doch mit der Abwechslung der gebrochenen Schriften durch die Antiqua stand man nun endgültig vor dem nicht neuen Problem, wie das Eszett der Fraktur in der Antiqua zu ersetzen sein soll. Das „Deutsche Wörterbuch" von Jakob Grimm wurde bereits seit 1822 in Antiqua gesetzt. In Ermangelung eines Eszett-Buchstabens entschied man sich hier, das Eszett in die aus dem Fraktur-Eszett bekannten Einzelteile, ein „s" und „z", zu zerlegen, und schrieb daher durchgängig „sz" (zum Beispiel *Flusz*). Diese Umschrift hat sich bis in die heutige Zeit erhalten, auch wenn sie in dieser Form heute in keinem Regelwerk enthalten ist. Dennoch hat sich diese Schreibung bekanntlich nicht auf breiter Front durchgesetzt. Stattdessen besann man sich eines dem Fraktur-Eszett ähnlichen Zeichens: der kalligrafisch inspirierten Ligatur aus Lang-S und Rund-S der kursiven Antiqua. Dieses Zeichen war in den meisten Antiqua-Bleisatz-Setzkästen noch enthalten. Da es mit dem nicht mehr verwendeten Lang-S überflüssig war, bot es sich an, einen legitimen Nachfolger für das Fraktur-Eszett zu werden.

Das Eszett in der heutigen Rechtschreibung

Eine einheitliche Schreibung des Eszett im gesamten deutschen Sprachgebiet erfolgte zunächst mit der Reform der deutschen Rechtschreibung von 1901. Zwei Jahre später wurde das Eszett in der Antiqua für Deutschland, Österreich und der Schweiz verbindlich. Eine Vereinfachung der 1901 beschlossenen Eszett-Regeln gelang mit der Rechtschreibreform von 1996. Man griff hierbei auf die so genannte „Heysesche S-Schreibung" zurück, eine Idee, die bereits aus dem frühen 19. Jahrhundert stammt und nun wieder in Deutschland und Österreich zur amtlichen

Regel erhoben wurde. Die Frage, ob „ß" oder „ss" geschrieben wird, richtet sich nun ausschließlich nach der Standardaussprache. (Die Unterscheidung zwischen einfachem „s" und „ss/ß" bleibt dagegen weiterhin schwierig.)

Verwendung von Eszett

Ein Eszett steht nach einem langen Vokal:

Straße, Fuß, Kloß, Stoß

Ein Eszett steht nach einem Diphthong (Zwielaut):

fließen, beißen, Strauß, heiß, weiß

Verwendung des Doppel-s

Ein Doppel-s steht nach einem kurzen Vokal:

Hass, Fluss, bisschen, Kuss, Genuss, Schloss, lässt

Die Frage, ob „ß" oder „ss" geschrieben werden muss, ist also heute sehr einfach zu treffen. Man muss sich lediglich überlegen, ob der Vokal vor dem S-Laut kurz oder lang gesprochen wird. Die daraus resultierende Regelung, dass „daß" nun „dass" geschrieben wird, ist eine der bekanntesten der neuen Rechtschreibung. Leider hat dies viele zu der fälschlichen Annahme verleitet, das Eszett wäre generell abgeschafft. Und so finden sich heute unzählige Beispiele, wo das nicht zu ersetzende Eszett nach langem Vokal oder Zwielaut mit ein Doppel-S geschrieben wird.

Wer hat von wem abgeschaut?
Diese beiden Wettbewerber haben sich nicht nur auf ein auffallend ähnliches Layout, sondern auch auf eine gleichsam falsche Schreibung geeinigt.

Dies ist auch deshalb besonders ärgerlich, da nun im Umkehrschluss auch die Aussprache von der Schreibung abgeleitet werden kann. Ein Eszett verdeutlicht nun einen langen Vokal vor dem S-Laut (zum Beispiel in *Gruß*), ein Doppel-S dagegen einen kurzen (zum Beispiel in *Kuss*). Wenn nun also fälschlicherweise „Gruss" mit Doppel-S geschrieben wird, ist man auch versucht, es kurz zu sprechen (wie in *Kuss*).

Eine weitere Folge der aktuellen Regelung sind die Fälle, in denen nun drei „s" an Wortfugen aufeinander Treffen können (zum Beispiel bei *Kongresssaal*). Da dies die Lesbarkeit behindert, empfiehlt sich hier oft, einen Bindestrich zu setzen.

Fehler im Filmtitel
Kostenlosen Schriften aus dem Internet fehlen oft Akzente, Umlaute und das Eszett. Statt, entgegen der Rechtschreibung, Doppel-S zu schreiben, sollte dann lieber auf eine andere Schrift ausgewichen werden.

Dreifach-s
Kongresssaal
besser: Kongress-Saal
Schlussstrich
besser: Schluss-Strich

Das Eszett in der Schweiz und Liechtenstein

In der Schweiz und in Liechtenstein ist das Eszett im Laufe des 20. Jahrhunderts stufenweise außer Gebrauch geraten, obwohl es nie offiziell abgeschafft oder gar verboten wurde. Anstelle von Eszett wird generell „ss" geschrieben. Das Doppel-s steht damit, anders als andere Doppelkonsonantenbuchstaben, nicht nur nach Kurzvokalen. Somit hat das Doppel-s in der Schweizer Orthografie eine andere Funktion als in den übrigen deutschsprachigen Ländern. Die Länge oder Kürze des vorangehenden Vokals ist also nicht erkennbar. Dies hat zur Folge, dass sich manche Wendungen nur über Sinnzusammenhang erschließen lassen. Während in Deutschland und Österreich die Wörter „Maßen" und „Massen" anhand ihrer Schreibung zu unterscheiden sind, werden sie in der Schweiz beide als „Massen" wiedergegeben. Der Sinn des Satzes „Sie tranken den Wein in Massen" ist also im Schweizerischen nicht einfach zu bestimmen.

Die typografische Eszett-Problematik

Wie bereits gezeigt wurde, bildet das Eszett der italienischen Kursiv-Antiqua den formalen Vorläufer unseres heute gebräuchlichen Eszetts. Das Zeichen bildet also eine Buchstabenverbindung der beiden Kleinbuchstaben Lang-S und Rund-S zu dem neuen Kleinbuchstaben Eszett. Die Schaffung eines entsprechenden Großbuchstabens war zur damaligen Zeit natürlich unsinnig – hatte die Buchstabenverbindung doch lediglich eine kalligrafisch-gestalterische Funktion. Und so bildet das Eszett noch bis heute ein Unikum als ein offizieller Buchstabe des deutschen Alphabets, der lediglich als Kleinbuchstabe existiert. Beim Satz in Großbuchstaben bleibt bislang keine andere Wahl, als die Ligatur wieder in die einzelnen Bestandteile zu zerlegen, das heißt entweder, in „S" und „Z", wenn man sich auf die Fraktur-Herkunft bezieht, oder aber als „S" und „S", bezogen auf die kursive Antiqua der Renaissance. Heute ist nur noch letztere Form gültig.

Versal-Eszett
Zur Schaffung eines Eszett als Großbuchstaben gab es mehrere erfolglose Versuche. Oben die Entwürfe von 1903, unten die der DDR-Zeit.

Bestrebungen, ein Eszett als eigenen Großbuchstaben zu schaffen, gibt es schon seit über 100 Jahren. Dies ist auch nicht verwunderlich, wenn man bedenkt, dass das Eszett heute eine explizite orthografische Funktion erfüllt. Bereits 1903, als das Eszett verbindlich in der Antiqua eingeführt wurde, tauchte die Frage nach einem neu zu schaffenden Eszett als Großbuchstabe auf. Die gemachten Vorschläge zum Aussehen des Zeichens stießen aber nicht auf eine einheitliche Zustimmung der Kommission, so dass man von weiteren Überlegungen absah und statt dessen die Schreibung „SZ" empfahl. Auch in der Deutschen Demokratischen Republik nahm man sich später noch einmal des Themas an und verkündete im offiziellen Duden, den bereits damals ein Versal-Eszett zierte „Das Zeichen ß fehlt leider noch als Großbuchstabe. Bemühungen, es zu schaffen, sind im Gange." Aber auch diese Initiative blieb erfolglos.

Skurriler Ausreißer
Schon zum Sammlerobjekt der Typografen avanciert: Ein DDR-Duden der 60er Jahre, der mit einem speziell entworfenen Versal-Eszett seine eigenen Regeln bricht.

Speziell nach der Neuregelung der Rechtschreibung von 1996 ist die funktionale Seite des Buchstabens noch weiter in den Mittelpunkt gerückt. Es scheint wenig sinnvoll, in der Kleinschreibung auf die Unterscheidung von Eszett und Doppel-s zu pochen, wenn im Satz mit Großbuchstaben andere Regeln herrschen. Die

Funktion der Schrift, eine möglichst exakte Repräsentation der Sprache zu sein, wird hier leider untergraben. Das Ergebnis dieser Problematik sehen wir täglich. Überall begegnen uns Eszett-Zeichen, die fälschlicherweise im Satz mit Großbuchstaben verwendet werden (zum Beispiel in *GROß, FUßBALL* oder *STRAßE*). Hier hat ein Kleinbuchstabe wie das Eszett aber nichts verloren, da es anderen Gestaltungsgrundsätzen folgt und das Schriftbild somit meist sehr uneinheitlich wird. Aber auch die orthografisch korrekte Umschreibung *STRASSE*

Die Grobe?
Ein Eszett im Versalsatz wird leicht mit einem „B" verwechselt – besonders von Ausländern, denen ein Eszett nicht geläufig ist.

ist wenig befriedigend, führt sie doch die aktuelle Regel ad absurdum, dass die Unterscheidung von Eszett und Doppel-S die Länge des Vokals vor dem S-Laut wiederspiegelt.

Solange ein Großbuchstaben-Eszett aber nicht eingeführt ist, gelten für Deutschland und Österreich die Regeln der amtlichen Rechtschreibung. Danach gilt: Im Satz mit Großbuchstaben oder Kapitälchen wird das Eszett immer mit einem Doppel-S wiedergegeben. Ausnahmen bilden hier lediglich Ausweisdokumente oder ähnliches, wo die Schreibung eines Eigennamens unmissverständlich erfolgen muss, zum Beispiel zur Unterscheidung der Namen Weiße und Weisse.

Eszett im Satz mit Großbuchstaben

Bei Großbuchstaben und Kapitälchen wird das Eszett immer zum Doppel-S:

die große Straße nach Straußberg

aber: DIE GROSSE STRASSE NACH STRAUSSBERG

oder: DIE GROSSE STRASSE NACH STRAUSSBERG

niemals: DIE GROßE STRAßE NACH STRAUßBERG

Suchbild (links): Schon in den ersten vier Zeilen hat Kasperle gleich drei gravierende Satzfehler versteckt.

Bild oben: Selbst bei namhaften Verlagen rutscht hin und wieder fälschlicherweise ein Eszett in den Versalsatz. Die neueren Taschenbücher dieses Buches werden nun Duden-konform mit „Nussschale" geschrieben – formal völlig korrekt, aber bezogen auf Satzbild und Lesbarkeit natürlich ebenso unbefriedigend.

3.4.7 Zahlengliederung

Bei mehr als drei Stellen links oder rechts vom Komma wird von diesem ausgehend, in dreistellige Gruppen mit einem geringen Leerraum unterteilt.

Gliederung von Ziffern

1 250 000,– €

$\pi = 3,141\,592\,653$

Gewicht: 25 000 t

DIN 65 123

Bei 4-stelligen Zahlen: 3 500,50 *oder* 3500,50

Jahreszahlen werden nicht untergliedert: © 2005–2007

Telefonnummern

Bei der Gliederung von Telefonnummern hat sich die Unterteilung in Zweiergruppen allgemein durchgesetzt, da es nur so möglich ist, die Nummern auch mündlich ohne Mehrdeutigkeiten zu übermitteln. Ein gesprochenes „sechshundertzehn" könnte für 610 oder 600 10 stehen. Durch die Aufteilung in Zweiergruppen sind solche Missverständnisse ausgeschlossen. Die Zweierteilung erfolgt über einen geringen Leerraum und beginnt, bei Vorwahl und Rufnummern jeweils von hinten.

Gliederung von Telefonnummern

Telefon: (0 36 43) 1 20 45 60

Mobil: 01 79 - 1 20 30 40

Bei 3- und 4-stelligen Vorwahlen kann auf deren Gliederung verzichtet werden:

(030) 1 20 45 60 *oder* (0 30) 1 20 45 60

0174 - 20 30 40 50 *oder* 0 174 - 20 30 40 50

Bei manchen Nummern ignoriert man aber besser die Zweierteilung:

(0 800) 3 500 700 *statt* (08 00) 3 50 07 00

Zur Abtrennung von Vorwahl und Rufnummer sind die unterschiedlichsten Zeichen im Gebrauch – aber es sind nicht alle gleich sinnvoll. Für Festnetzrufnummern ist vor allem der Einschluss der Vorwahl in Klammern zu bevorzugen, da die Vorwahl, je nachdem, von wo man anruft, nötig oder überflüssig ist. Mobilfunknummern hingegen werden fast ausschließlich mit Netzvorwahl gewählt. Deshalb kann hier statt einer Klammer ein Bindestrich zwischen Vorwahl und Rufnummer sinnvoll sein. Ein Schrägstrich ist für Festnetz- und Mobilfunknummern denkbar – da er im Textsatz aber eher die Funktion von „entweder/oder" oder „beziehungsweise" hat, ist er in Telefonnummern nicht unbedingt die erste Wahl. Das Gleiche gilt für den Gedankenstrich oder den Punkt. Mit ihnen verbindet man eine stark trennende Funktion, die in einer Telefonnummern nicht bezweckt wird.

Trennung von Vorwahl und Rufnummer	
(03 6 43) 1 20 30 40	(+49) (36 43) 1 20 30 40
0179 - 1 20 30 40	+49 - 172 - 1 20 30 40
0 36 43 / 1 20 30 40	+49 / 36 43 / 1 20 30 40
0 36 43 | 1 20 30 40	+49 | 36 43 | 1 20 30 40

Mit einer internationalen Vorwahl schmücken sich auch kleine Unternehmen gern, selbst wenn sie keinerlei ausländische Kunden haben. Es sollte aber nicht vorschnell zu dieser Schreibweise gegriffen werden, da immer wieder festzustellen ist, dass mancher Schwierigkeiten hat, die internationale Vorwahl korrekt für einen inländischen Anruf aufzulösen.

Durchwahlnummern werden mit einem Bindestrich angezeigt und diesem ungegliedert nachgestellt. Der Bindestrich folgt entweder direkt nach den letzten Ziffern der Rufnummern oder wird mit einem geringen Leerraum abgesetzt, um klar als Durchwahl erkennbar zu sein.

Durchwahl
(03 6 43) 1 20 30 40-201
+49 - 36 43 - 1 20 30 40 -201

Bankverbindung

Kontonummern werden, von hinten beginnend, in Dreiergruppen mit einem geringen Leerraum oder Leerzeichen unterteilt. Für die Bankleitzahl gilt das gleiche Schema, nur das die Dreiergruppen von vorn beginnen.

Bankverbindung, Umsatzsteuer-Ident-Nummer	
Konto	0 902 032 800
BLZ	800 700 24
IBAN	DE33 8207 0024 3333 4444 55
BIC	DEUTDEDBERF
USt.-Ident-Nummer	DE 812 400 300

Die *International Bank Account Number* (kurz IBAN) zum grenzüberschreitenden Zahlungsverkehr setzt sich stets aus der Landeskennung, einer Prüfziffer, der achtstelligen Bankverbindung und einer zehnstelligen Kontonummer zusammen. Die Trennung erfolgt nach internationaler Normung durch fünf Vierergruppen von links, wodurch eine Zweiergruppe übrig bleibt. Der international standardisierte Bankkode (BIC) ist eine eindeutige Identifizierung des Kreditinstituts und wird ungegliedert in Großbuchstaben gesetzt. Die Umsatzsteuer-Ident-Nummer (USt-IdNr.) dient dem Handel im europäischen Binnenmarkt und setzt sich in Deutschland und Österreich aus einem Landeskürzel (DE beziehungsweise AT) und einer neunstelligen Ziffernfolge zusammen. (In Österreich beginnt die Ziffernfolge allerdings mit einem führenden „U".) Zur Gliederung bietet sich zum Beispiel eine Dreiteilung der Ziffernfolge an.

Postfach und Postleitzahl

Postfachnummern werden von rechts beginnend mit einem geringen Leerraum oder einem Leerzeichen in Zweiergruppen gegliedert. Die Postleitzahl wird nicht unterteilt.

Bankverbindung, Umsatzsteuer-Ident-Nummer
Postfach 10 10 35
99425 Weimar

Die Verwendung von Landeskürzeln vor der Postleitzahl gelten in vielen Ländern der Europäischen Union als veraltet und sollten nicht mehr verwendet werden. Bei Sendungen, die für das Ausland bestimmt sind, sollte das Bestimmungsland in Großbuchstaben als zusätzliche Zeile gesetzt werden.

Landesangabe
veraltet: D-99425 Weimar
nur noch: 99425 Weimar
Mr. Frank B. Smith GPO Box 17788 Q Melbourne VIC 3001 AUSTRALIEN

3.4.8 Ziffernsets

Unsere Schulschrift und die über ein Jahrhundert allgegenwärtigen Schreibmaschinen lehrten uns die Versalziffern als alleinige Ziffernform und ließen die klassischen Buchsatzziffern, mit ihren charakteristischen Ober- und Unterlängen, fast völlig in Vergessenheit geraten. Auch das frühe Desktop Publishing änderte, mehr einer digitalen Schreibmaschine gleichend, zunächst wenig daran. Der technisch bedingte, sparsame Umgang mit den Plätzen der Zeichensätze ließ einfach keinen Platz für verschiedene Ziffernsets. Lediglich der umständliche Weg über Expertfonts schaffte Abhilfe. Heute werden neue Schriftfamilien immer besser ausgebaut und auch fast immer mit verschiedenen Ziffernsets versehen. Mit OpenType lassen sich diese in einem Font kombinieren und bequem setzen. Doch für welchen Zweck eignet sich welches Ziffernset? Die folgende Übersicht zeigt die Unterschiede und Anwendungsbereiche.

Proportionale Versalziffern

im Jahre 1492 um 16.30 Uhr

Proportionale Versalziffern sind heute die Standard-Ziffernform.

Proportionale Mediävalziffern

im Jahre 1492 um 16.30 Uhr

Proportionale Mediävalziffern eignen sich besonders für den Einsatz innerhalb von Fließtexten. Da sie wie Kleinbuchstaben Ober- und Unterlängen besitzen, fügen sie sich unauffällig ins Satzbild ein.

18.11 Serie
19.30 Nachrichten
20.15 Spielfilm

18.11 Serie
19.30 Nachrichten
20.15 Spielfilm

Ziffern für den Tabellensatz

im Jahre 1492 um 16.30 Uhr

Tabellensatz
Nur die Tabellensatz-Ziffern (unten) ermöglichen eine exakte vertikale Ausrichtung

Ziffern für den Tabellensatz zeichnet sich dadurch aus, dass jede Ziffer exakt die gleiche Breite einnimmt – auch die bei einer Proportionalschrift üblicherweise schmalere Eins. Im Satz von Tabellen sind dadurch untereinander stehende Ziffern immer automatisch vertikal ausgerichtet.

3.4.9 Datumsangaben

Das Datum wird in der bei uns noch weit verbreiteten Schreibweise Tag-Monat-Jahr in der Regel mit einem geschützten Leerzeichen gesetzt.

Datumsangaben alphanumerisch

5. Januar 2006

bei alphanumerischer Schreibweise keine führenden Nullen:

besser nicht: 05. Januar 2006

Bei der rein numerischen Schreibweise dürfen die Leerzeichen entfallen – ein geringer Leerraum ist aber zu empfehlen. Führende Nullen sind hier Pflicht.

Datumsangaben numerisch

21. 05. 1976

02. 06. 1980

Die international übliche und mittlerweile auch in Europa standardisierte absteigende Schreibweise Jahr-Monat-Tag sollte bevorzugt verwendet werden, vor allem im internationalen Schriftverkehr. Das Jahr wird zwei- oder vierstellig angegeben, Monat und Tag immer jeweils zweistellig. Die vierstellige Jahreszahl ist generell zu bevorzugen, um Missverständnisse zu vermeiden. Zwischen den Angaben steht ein (möglichst geschützter) Bindestrich.

Datumsangaben normiert

2006-11-04

auch möglich: 98-11-04

nicht eindeutig: 06-11-04 *daher dann immer:* 2006-11-04

Diese Schreibweise eignet sich übrigens auch hervorragend zur Benennung von Dateinamen.

Ordnung auf der Festplatte

2005-07-03_Zeichen_setzen_Druckvorlage.pdf

3.4.10 Uhrzeitangaben

Gemäß den DIN-Normen werden Uhrzeiten der Form Stunden-Minuten oder Stunden-Minuten-Sekunden jeweils zweistellig und mit einem Doppelpunkt getrennt angegeben.

Uhrzeit normiert

08:30 Uhr

nicht: 8:30 Uhr

14:06:30 Uhr

Werden nur die Stunden angegeben, muss allerdings nicht durch führende Nullen auf zwei Stellen erhöht werden.

Stundenangaben

Wir treffen uns 8 Uhr am Bahnhof.

Abfahrt: 9 Uhr

nicht: Abfahrt: 09 Uhr

Von Veranstaltungsplakaten oder Fernsehsendern ist auch die Trennung mit einem Punkt bekannt. Sie entspricht zwar nicht der DIN-Norm, empfiehlt sich aber unter Umständen dennoch, zum Beispiel, wenn der Uhrzeit-Angabe bereits ein Doppelpunkt vorausgeht.

Uhrzeit mit Punkt

Einlass: 19.30 Uhr

Beginn: 21.00 Uhr

3.4.11 Ligaturen setzen

In der Handschrift bilden sich seit jeher Ligaturen, das heißt Verbindungen von Buchstaben, heraus. Selbst einige unserer gebräuchlichen Buchstaben wie etwa das „W" und das Eszett sind ehemals aus Ligaturen entstanden. Im Bleisatz wurde jeder Buchstabe auf einen einzelnen Kegel verbannt, und die Verwendung von Ligaturen im Druck war somit nur eingeschränkt sinnvoll. Nur einige wenige Buchstabenkombinationen wie zum Beispiel „fi" und „fl" ließen sich in vielen Schriftarten mit getrennten Lettern einfach nicht ansprechend darstellen, da zum Beispiel der obere Bogen des „f" mit dem i-Punkt ins Gehege kommt. Aus diesem Grund wurden dafür spezielle Ligatur-Lettern gegossen, und diese haben sich teilweise bis in den heutigen, digitalen Satz erhalten. Im Mac OS gehören zwei solcher Ligaturen sogar zum Standardzeichensatz:

Ligaturen
Manche Buchstabenverbindungen lassen sich weder im Bleisatz noch im digitalen Satz gut einzeln setzen (links). Hier muss ein eigenes Zeichen – eine Ligatur – geschaffen werden (rechts).

Standardligaturen	Mac OS
fi	alt ⇧ % 5
fl	alt ⇧ L @

Weitere Ligaturen wurden früher wegen der Beschränkung auf 256 Zeichen in die Expert-Fonts ausgelagert. Die Eingabe war dann aber nicht nur umständlich, sondern hebelte auch die Rechtschreibkorrektur und die automatische Silbentrennung aus. Mit heutigen OpenType-Fonts und den entsprechenden Satzprogrammen kann man oft wieder auf einen großen Bestand von Ligaturen zurückgreifen, und diese können bequem und zum Teil sogar automatisch gesetzt werden. Beim Einsatz der Automatikfunkion lauern aber neue Fehlerquellen.So sollten zum Beispiel in deutlich gesperrten Texten besser keine Ligaturen auftreten.

Ligatureingabe
Die Glyphenpalette von Adobe InDesign erlaubt einen bequemen Zugriff auf die Ligaturen eines OpenType-Fonts.

stabil-raffiniertes Raffrollo

falsch: stabil-raffiniertes Raffrollo

Ein weiteres Problem ist in der deutschen Wortbildung begründet. Die Verschmelzung von Hauptwörtern zu einem Wort erzeugt eine so genannte Wortfuge, an der keine Ligatur stehen darf. Deshalb sollten automatische Ligaturfunktionen bei der Erstellung deutscher Texte besser deaktiviert sein.

Keine Ligatur an Wortfugen

falsch: auffliegen, Kaufimpuls, Laufleistung

gn folgt eigenen Gesetzen. Zwar gelten auch hier meist die gleichen visuellen und gestalterischen Grundsätze wie bei der Erstellung von Drucksachen — die Herang
ste Seitengröße bearbeitet und darauf Grafik- und Text-Elemente exakt Positionieren und Arrangieren kann, ist das Web- und Screendesign eine Aufgabe mit viele
Schriftsatz am Bildschirm gleicht deshalb eher der klassischen Textverarbeitung — das heißt, Zeichen und ganze Texte werden nicht positioniert, sondern vielme

te des Internets begründet. In seiner Urform war HTML, die Basissprache des Internets, nicht für visuelle Gestaltungen konzipiert, sondern rein text- und informat
nationale Gremien, die sich um die Verabschiedung und Einhaltung von Standards (zum Beispiel HTML und XML) kümmern — die identische Plattform- und Browser-üb

04

der Arbeit mit Schrift ist aber eine gänzlich andere.
Ein Webdesigner weiß beispielweise nicht, wie groß die Bildschirmauflösung der Benutzers ist, und wie groß die verwendeten Schriften dargestellt werden.
nd formatiert, um in verschiedenen Darstellungsumgebungen flexibel und möglichst angemessen abgebildet zu werden. Wie man dies am Besten erreicht und welch

visuelle Darstellung einer Webseite kann vom Ersteller zwar beeinflusst, aber nicht bis in jedes Details kontrolliert werden — dies ist letzten Endes dem Browser ü
etzung dieser Standards ist aber bis heute eine Utopie und Besserung leider nicht in Sicht.

Typografie im Webdesign

4.1 Einleitung

4.2 Systemschriften – Fluch oder Segen

4.3 HTML

4.3.1 Auszeichnungen

4.3.2 Das Font-Tag

4.3.3 Zeichenkodierung im Webdesign

4.3.4 Striche und Leerräume

4.4 Cascading Style Sheets

4.4.1 Der Aufbau von CSS-Definitionen

4.4.2 Einbindung von CSS-Definitionen

4.4.3 Schriftformatierungen mit CSS-Definitionen

4.4.1 Der Aufbau von CSS-Definitionen

4.5 Text in Grafiken

4.5.1 Textgrafiken erstellen

4.5.2 Textgrafiken einbinden

4.6 Typografie in Flash

4.6.1 Schrift formatieren und einbetten

4.6.2 Pixelfonts

4.1   Einleitung

„Ich habe das Surfen aufgegeben. Die Entwicklung der virtuellen Welt hat mich wirklich erschreckt. Da draußen geht es zu wie im Wilden Westen."

Sandra Bullock

Die Arbeit mit Schrift und Typografie im Web- und Screendesign folgt eigenen Gesetzen. Zwar gelten auch hier meist die gleichen visuellen und gestalterischen Grundsätze wie bei der Erstellung von Drucksachen – die Herangehensweise bei der Arbeit mit Schrift ist aber eine gänzlich andere.

Während der Gestalter einer Drucksache in der Regel eine feste Seitengröße bearbeitet und darauf Grafik- und Text-Elemente exakt positionieren und arrangieren kann, ist das Web- und Screendesign eine Aufgabe mit vielen Unbekannten. Ein Webdesigner weiß beispielsweise nicht, wie groß die Bildschirmauflösung der Benutzer ist und wie groß die verwendeten Schriften dargestellt werden. Der Textfluss scheint also in aller Regel unvorhersehbar. Der Schriftsatz am Bildschirm gleicht deshalb eher der klassischen Textverarbeitung – das heißt, Zeichen und ganze Texte werden nicht positioniert, sondern vielmehr strukturiert und formatiert, um in verschiedenen Darstellungsumgebungen flexibel und möglichst angemessen abgebildet zu werden. Wie man dies am Besten erreicht und welche Fallstricke dabei lauern, zeigt das folgende Kapitel.

Eine weitere Problematik ist durch die Entstehungsgeschichte des Internet begründet. In seiner Urform war HTML, die Basissprache des Internet, nicht für visuelle Gestaltungen konzipiert, sondern rein text- und informationsbasiert. Die visuelle Darstellung einer Webseite kann vom Ersteller zwar beeinflusst, aber nicht bis in jedes Detail kontrolliert werden – dies ist letzten Endes dem Browser überlassen, deren Varianten und Versionen so zahlreich sind wie ihre unterschiedlichen Darstellungsweisen ein- und derselben Webseite. Zwar existieren zum Beispiel mit dem World Wide Web Consortium (kurz W3C) internationale Gremien, die sich um die Verabschiedung und Einhaltung von Standards kümmern (zum Beispiel HTML und XML) – die identische plattform- und browserübergreifende Umsetzung dieser Standards ist aber bis heute eine Utopie und Besserung leider nicht in Sicht.

Screen- und Webdesign ist deshalb immer ein Balance-Akt zwischen Möglichem und Zweckmäßigem. Die Kenntnis der Grundlagen im Umgang mit Schrift und Zeichenkodierungen ist dabei unerlässlich. Zwar ist das Erstellen von Webseiten mit den vielen, zum Teil sogar kostenlosen Webeditoren auf den ersten Blick eine einfache Aufgabe – wer aber Webseiten erstellen möchte, die sich auf allen Plattformen und Browsern vorhersehbar verhalten, benötigt dafür entsprechendes Wissen und Erfahrung. In diesem Kapitel wird hierbei speziell auf den praxisbezogenen Umgang mit Schrift eingegangen. Einen Webdesign-Kurs kann dieses Kapitel freilich nicht ersetzen. Grundlagenwissen zum Aufbau von HTML-Seiten und im Umgang mit HTML-Editoren sind für das Verständnis für den Leser von Vorteil.

4.2 Systemschriften – Fluch oder Segen?

"There are bad types and good types, and the whole science and art of typography begins after the first category has been set aside."

Beatrice Warde

Wer heute am Rechner Drucksachen gestaltet, kann aus Tausenden erhältlicher Schriften wählen. Auch die Weitergabe von Dokumenten, zum Beispiel im weit verbreiteten PDF-Format, kann unter Beibehaltung der Schriftarten erfolgen, da diese hier einfach ganz oder teilweise in die Datei eingebettet werden. Bei der Erstellung von Webseiten ist dies allerdings nicht möglich. Neben der Übertragung des reinen Textes werden lediglich Hinweise an den Browser gesandt, mit welcher Schriftart der betreffende Abschnitt angezeigt werden soll. Fehlt diese Schrift, wird eine beliebige Ersatzschrift, zum Beispiel *Times New Roman,* verwendet.

```
<font face="Arial,Helvetica,sans-serif">Mein Text</font>
```

Diese HTML-Zeile weist zum Beispiel den Browser an, den Text „Mein Text" in der Schriftart *Arial* auszugeben. Fehlt diese, wird ersatzweise die Schrift *Helvetica* gesucht. Wäre auch diese nicht auf dem Rechner installiert, würde der Browser entsprechend der letzten Option „sans-serif", eine beliebige serifenlose Ersatzschrift wählen. Die Wahl der Schrift für eine Webseite hängt also nicht von den auf dem eigenen Rechner installierten Schriften ab, sondern von denen, die bei den Benutzern installiert sind. Da man nie weiß, welche das sind, muss man sich zwangsläufig auf eine Hand voll Schriften beschränken, die mit großer Wahrscheinlichkeit bei jedem verfügbar sind. Und dies sind naturgemäß nur die mit dem Betriebssystem vorinstallierten Systemschriften wie zum Beispiel *Arial, Times New Roman* oder *Verdana.*

Verfügbare Webfonts	Windows	Mac OS	Linux
Arial	99 %	99 %	82 %
Times New Roman	99 %	98 %	82 %
Arial Black	98 %	97 %	45 %
Courier New	98 %	96 %	82 %
Verdana	98 %	99 %	45 %
Comic Sans MS	97 %	96 %	45 %
Courier	97 %	99 %	100 %
Trebuchet MS	96 %	96 %	45 %
Georgia	95 %	96 %	45 %
Impact	95 %	84 %	45 %
Arial Narrow	88 %	84 %	9 %
Helvetica	88 %	99 %	91 %
Tahoma	88 %	55 %	18 %
Times	88 %	99 %	91 %

Webfonts
Liste der am meisten verbreiteten Fonts unter Internetbenutzern. Alle nicht aufgeführten Fonts waren auf mindestens einer Plattform nicht verfügbar. (Quelle: visibone.com)

Diese Systemschriften werden nicht selten von professionellen Grafik-Designern nur belächelt und im Printbereich kaum angewandt – sind sie doch die meistgenutzten Schriften von Privatanwendern und Hobbydesignern, deren Gestaltungen man nicht selten mit minderer Qualität assoziiert. Man darf dabei aber nicht vergessen, zu welchem Zweck Systemschriften geschaffen sind. Ihre Aufgabe ist es, am Bildschirm, auch in den kleinsten Schriftgrößen, bestmöglich lesbar zu sein. Diese Aufgabe erfüllen die Systemschriften bravourös, denn sie besitzen ein ausgefeiltes *Hinting*, das heißt eingebaute Instruktionen, die dem Betriebssystem sagen, wie die Umrisslinien der Buchstaben in die einzelen Bildpunkte am Monitor aufgelöst werden sollen. Man möchte sich kaum ausmalen, wie das Internet aussehen würde, und wieviel Mühe wir mit dem Lesen auf manchen Internetseiten hätten, wenn die Webdesigner alle erdenklichen Schriften in ihre Webseiten einbetten könnten. Darüberhinaus besitzen gerade die Systemschriften den größten Zeichenvorrat und eignen sich damit hervorragend zur Darstellung von Texten in verschiedensten Schriftsystemen. Insofern ist die Beschränkung auf die wenigen Systemschriften im Webdesign vielleicht doch eher als Segen denn als Fluch zu betrachten. Aber auch bei der Wahl der Systemschriften gibt es einiges zu beachten. Deshalb werden nachfolgend die wichtigsten Systemschrift kurz vorgestellt und abgebildet.

Arial

Die *Arial* ist durch die Dominanz des Windows-Betriebssystems von Microsoft zum wahrscheinlich weltweit bekanntesten und am meisten benutzten Font avanciert – doch augenscheinlich nicht wegen der Qualität ihrer Gestaltung. Die *Helvetica* war eine der dominierenden Schriften in der zweiten Hälfte des 20. Jahrhunderts und gelangte mit Adobes PostScript-Format auch schon in den 8oer Jahren als Standard-PostScript-Font auf den Computer. Mit der Vorstellung des TrueType-Schriftformates bestand auch bei Microsoft der Bedarf einer vielseitigen, serifenlosen Schrift. Doch statt die *Helvetica* vom Schriftanbieter Linotype zu lizensieren, setzte man lieber auf die günstigere *Arial* von Monotype. Ein Font, der in der Gestaltung sowohl Anleihen bei Monotypes *Grotesque*-Serie nimmt als auch bei der *Helvetica*, deren Proportionen mit der *Arial* nicht nur zufällig exakt übereinstimmen. Heute ist die *Arial* zur Standardschrift schlechthin geworden, sei es im Office-Bereich oder im Internet – selbst auf Apple-Macintosh-Rechnern ist sie als Systemschrift stets verfügbar. Die neuere Unicode-Version *Arial Unicode MS* ist darüberhinaus einer der am Besten ausgebauten Fonts. Besonders in kleineren Schriftgraden, zum Beispiel bei Fließtexten im Internet, spielt sie ihre Stärken als gut lesbare, neutrale Groteskschrift aus. In größeren Schriftgraden oder gar als Grundlage für Logotype-Gestaltungen oder ähnliches sollte sie, auf Grund ihrer mangelhaften Gestaltung im Detail, besser nicht verwendet werden.

Arial vs. Helvetica
In diesem Internet-Spiel schlüpft man in die Rolle der Helvetica und kann ihr zu einer späten Rache verhelfen. (Link zum Spiel unter www.zeichen-setzen.info)

I am not Helvetica!

Arial regular 123

Arial italic 123

Arial bold 123

Arial bold italic 123

Arial narrow regular 123

Arial narrow italic 123

Arial narrow bold 123

Arial narrow bold italic 123

Arial black 123

Arial black italic 123

Times New Roman

Die *Times New Roman* steht in ihrer Bekanntheit der *Arial* kaum nach. Aber auch diese Schrift hatte einen Vorläufer, der wesentlich älter ist als die ersten digitalen Fonts. Die Londoner Zeitung „The Times" ließ sich unter der Leitung von Stanley Morrison Anfang der 30er Jahre von Victor Lardent eine eigene Hausschrift schneiden, die einerseits gut lesbar und robust sein sollte, andererseits aber auch besonders ökonomisch mit dem verfügbaren Platz einer Tageszeitung umgehen sollte. Die dabei entstandene Schrift, die als Nachfolger der bis dato verwendeten *Times Old Roman* nun *Times New Roman* getauft wurde, ist bis heute eine der meistverwendeten für Zeitungen, Zeitschriften und Geschäftsberichte. Wie die *Arial* gehört auch die *Times New Roman* seit Einführung der TrueType-Technologie zu den Systemfonts des Windows-Betriebssystems und hat sich besonders in der Textverarbeitung des Office-Bereichs als Standard etabliert. Bei der Benutzung der *Times New Roman* am Bildschirm ist allerdings Vorsicht geboten. Die eigentlich gute Lesbarkeit der Schrift nimmt, wie bei fast allen Serifenschriften, in kleineren Schriftgrößen rapide ab. Im Webdesign ist die *Times New Roman* deshalb nur bedingt und mit Bedacht einsetzbar. Die serifenlosen Schriften *Arial* und *Verdana* sind bei den im Internet üblichen Schriftgrößen wesentlich besser lesbar.

Great Times in London

Times New Roman regular 123

Times New Roman italic 123

Times New Roman bold 123

Times New Roman bold italic 123

Verdana

Die *Verdana* ist ein reines Kind des digitalen Zeitalters. Statt eine Adaption bestehender Schriften für den Rechner zu sein, wurde die *Verdana* von Matthew Carter, ausgehend von den Bildpunkten des Bildschirm, sozusagen „rückwärts" zu einer Schrift entwickelt. Während die meisten klassischen Schriften in kleinen Schriftgraden ihre charakteristischen Formen ablegen müssen, um in das enge Raster der Bildpunkte zu passen, kann die *Verdana* somit ein konsistentes Schriftbild über alle Schriftgrößen wahren. Ähnliche Buchstaben sind dabei möglichst unverwechselbar gestaltet, um auch in kleinen Schrifgrößen nicht zu Missverständnissen zu führen. Zudem zeichnet sich die *Verdana* durch besonders großzügige Buchstabenabstände aus. Sie hat dadurch zwar einen größeren Platzbedarf, bleibt aber im Gegensatz zu anderen Schriften, wie zum Beispiel der *Arial*, auch in den kleinsten Schriftgrößen deutlich besser lesbar. Besonders im Web- und Screendesign ist die *Verdana* deshalb besonders beliebt und zu empfehlen.

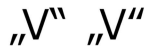

Schönheitsfehler
Wird die Verdana mit den deutschen Gänsefüßchen verwendet, offenbart sich leider ein falsch gestaltetes, schließenden Anführungszeichen, wodurch ein unruhiges Satzbild entsteht (links). Die rechte Abbildung zeigt, wie die korrekte Gestaltung aussehen müsste.

Made for the screen

Verdana regular 123

Verdana italic 123

Verdana bold 123

Verdana bold italic 123

Georgia

Wie die *Verdana* ist auch Matthew Carters *Georgia* eine eigens für den Bildschirm entworfene Schrift. Während die meisten Antiqua-Schriften wegen ihrer Serifen in kleinen Schriftgraden für die Bildschirmdarstellung ungeeignet sind, behält die *Georgia* auch in kleinen Schriftgraden und in der Kursive ihre hervorragende Lesbarkeit und ihren angenehmen, unverbrauchten Schriftcharakter bei. Sie bietet sich deshalb immer an, wenn auf Webseiten Fließtexte gesetzt werden – das eher nüchtern-technische Erscheinungsbild einer *Verdana* oder *Arial* aber nicht gewünscht ist. Eine weitere positive Eigenschaft ist dabei, dass die *Georgia*, im Gegensatz zu fast allen anderen Systemschriften, standardmäßig Mediävalziffern verwendet.

I am more gentle than Times

Georgia regular 123

Georgia italic 123

Georgia bold 123

Georgia bold italic 123

Courier New

Die *Courier New* wurde bereits in den 50ern als Schreibmaschinenschrift für IBM entwickelt und hat sich rasch zum Inbegriff der Monospaced-Schriften entwickelt, also jene Schriften, deren Buchstaben alle exakt die gleiche Breite einnehmen. Diese Eigenschaft verursacht leider auch immer eine schlechtere Lesbarkeit, sodass für Lesetexte besser proportionale Schriften verwendet werden sollten. Sinnvoll können Monospaced-Schriften wie die *Courier New* aber immer noch dann sein, wenn eine vertikale Ausrichtung untereinander stehender Zeichen gewünscht ist. Die Quelltexte von Programmierungen werden zum Beispiel gern in Monospaced-Fonts gesetzt. Hier macht sich dann auch noch zusätzlich positiv bemerkbar, dass bei diesen Schriften die Buchstaben meist besonders unverwechselbar gestaltet sind. Verwechslungen zwischen den Buchstaben „I" und „l" sowie zwischen dem „O" und der Null sind hier meist ausgeschlossen.

Heir of the typewriter

Courier New regular 123

Courier New italic 123

Courier New bold 123

Courier New bold italic 123

Trebuchet MS

Die von Vincent Connare für Microsoft gestaltete Systemschrift *Trebuchet MS* bildet einen wirksamen Kontrast zu den nüchternen Fonts *Arial* und *Verdana*. Sie nimmt in ihren Grundformen sowohl Anleihen bei den humanistischen als auch bei den geometrisch konstruierten Groteskschriften. Im Webdesign lässt sich die *Trebuchet MS* vor allem für Überschriften einsetzen, da hier der besondere Charakter der Schrift noch gut zur Geltung kommt. Für Drucksachen ist diese Systemschrift allerdings weniger geeignet, da das Design im Detail eher plump wirkt.

Headlines and display

Trebuchet MS regular 123

Trebuchet MS italic 123

Trebuchet MS bold 123

Trebuchet MS bold italic 123

Comic über Comic Sans
Illustration von Jeph Jacques
(www.questionablecontent.net)

Comic Sans MS

Vincent Connare entwarf die *Comic Sans* ursprünglich zur ausschließlichen Benut-
zung in den Sprechblasen einer von Microsoft entwickelten Comic-Software für
Kinder. Später in die Systemschriften von Windows aufgenommen, startete die
Comic Sans einen zweifelhaften Siegeszug, bei dem sie bis heute leider weit über
das Ziel hinausschießt. Denn sie erobert, über ihr eigentlich stark begrenztes
Einsatzgebiet als kindliche/comic-artige Schrift hinaus, nahezu alle Bereiche, in
denen Schrift eingesetzt wird – angefangen von privaten Einladungskarten über
Powerpoint-Präsentationen, Flyern, Speisekarten bis hin zu Beschilderungen
von Geschäften und Restaurants. Unter professionellen Grafikdesignern zählt
die *Comic Sans* deshalb nicht ganz zu Unrecht zu den unbeliebtesten Fonts überhaupt. Ihr Einsatz sollte also angemessen und wohl überlegt sein.

223

sorry for being alive

Comic Sans MS regular 123

Comic Sans MS bold 123

Lucida

Hinter dem Namen *Lucida* verbirgt sich eine umfassende, von Charles Bigelow und Kris Holmes gestaltete Schriftsippe. Den Kern der Schriftfamilie bildet die serifenlose *Lucida Sans*, eine moderne, ausdrucksstarke Schrift, die sich hervorragend sowohl für den Druck- als auch für den Bildschirmeinsatz eignet. Als *Lucida Grande* bildet sie den Standard-Systemfont des Mac-OS-X-Betriebssystems – am PC verfügt man mit neueren Windows-Versionen über den nahezu identischen Font *Lucida Sans Unicode*. Beide Varianten unterstützen außerordentliche viele Schriftsysteme, darunter Lateinisch, Kyrillisch, Griechisch, Hebräisch und Arabisch, und eignen sich damit hervorragend zur Darstellung von Texten in verschiedenen Schriftsystemen. Im Gegensatz zu den weit verbreiteten Systemfonts *Arial, Times New Roman* und so weiter kann man bei der *Lucida* leider nicht davon ausgehen, dass jeder Besucher einer Webseite über diesen Font verfügt. Deshalb sollte bei der Fontdefinition unbedingt berücksichtig werden, dass die *Lucida* verschiedene Fontnamen tragen kann und dass alternative Systemschriften angegeben sind.

```
<font face= "Lucida Grande, Lucida Sans, Lucida Sans Unicode,
Lucida, Verdana, Helvetica, sans-serif">Text</font>
```

Latin Кириллица Ελληνικά

Lucida Sans regular 123

Lucida Sans regular 123

Lucida Sans regular 123

Lucida Sans regular 123

Systemfonts-Vergleich

Die Systemfonts wurden mit den angegeben Schriftgrößen in Pixeln gesetzt – oben ohne Kantenglättung, unten mit Kantenglättung (Cleartype). Deutlich zu sehen ist, dass besonders in den kleinsten Schriftgrößen nur noch wenige Fonts wie zum Beispiel die *Verdana* gute Lesbarkeit besitzen.

Arial	Lesbarkeitstest 9 auf 11 Pixel abcefg ABCDEFG 123456790	Lesbarkeitstest 11 auf 13 Pixel abcefg ABCDEFG 123456790	Lesbarkeitstest 13 auf 15 Pixel abcefg ABCDEFG 123456790
Times New Roman	Lesbarkeitstest 9 auf 11 Pixel abcefg ABCDEFG 123456790	Lesbarkeitstest 11 auf 13 Pixel abcefg ABCDEFG 123456790	Lesbarkeitstest 13 auf 15 Pixel abcefg ABCDEFG 123456790
Verdana	Lesbarkeitstest 9 auf 11 Pixel abcefg ABCDEFG 123456790	Lesbarkeitstest 11 auf 13 Pixel abcefg ABCDEFG 123456790	Lesbarkeitstest 13 auf 15 Pixel abcefg ABCDEFG 123456790
Georgia	Lesbarkeitstest 9 auf 11 Pixel abcefg ABCDEFG 123456790	Lesbarkeitstest 11 auf 13 Pixel abcefg ABCDEFG 123456790	Lesbarkeitstest 13 auf 15 Pixel abcefg ABCDEFG 123456790
Courier News	Lesbarkeitstest 9 auf 11 Pixel abcefg ABCDEFG 123456790	Lesbarkeitstest 11 auf 13 Pixel abcefg ABCDEFG 123456790	Lesbarkeitstest 13 auf 15 Pixel abcefg ABCDEFG 123456790
Trebuchet MS	Lesbarkeitstest 9 auf 11 Pixel abcefg ABCDEFG 123456790	Lesbarkeitstest 11 auf 13 Pixel abcefg ABCDEFG 123456790	Lesbarkeitstest 13 auf 15 Pixel abcefg ABCDEFG 123456790
Comic Sans MS	Lesbarkeitstest 9 auf 11 Pixel abcefg ABCDEFG 123456790	Lesbarkeitstest 11 auf 13 Pixel abcefg ABCDEFG 123456790	Lesbarkeitstest 13 auf 15 Pixel abcefg ABCDEFG 123456790
Lucida Sans Unicode	Lesbarkeitstest 9 auf 11 Pixel abcefg ABCDEFG 123456790	Lesbarkeitstest 11 auf 13 Pixel abcefg ABCDEFG 123456790	Lesbarkeitstest 13 auf 15 Pixel abcefg ABCDEFG 123456790

Arial	Lesbarkeitstest 9 auf 11 Pixel abcefg ABCDEFG 123456790	Lesbarkeitstest 11 auf 13 Pixel abcefg ABCDEFG 123456790	Lesbarkeitstest 13 auf 15 Pixel abcefg ABCDEFG 123456790
Times New Roman	Lesbarkeitstest 9 auf 11 Pixel abcefg ABCDEFG 123456790	Lesbarkeitstest 11 auf 13 Pixel abcefg ABCDEFG 123456790	Lesbarkeitstest 13 auf 15 Pixel abcefg ABCDEFG 123456790
Verdana	Lesbarkeitstest 9 auf 11 Pixel abcefg ABCDEFG 123456790	Lesbarkeitstest 11 auf 13 Pixel abcefg ABCDEFG 123456790	Lesbarkeitstest 13 auf 15 Pixel abcefg ABCDEFG 123456790
Georgia	Lesbarkeitstest 9 auf 11 Pixel abcefg ABCDEFG 123456790	Lesbarkeitstest 11 auf 13 Pixel abcefg ABCDEFG 123456790	Lesbarkeitstest 13 auf 15 Pixel abcefg ABCDEFG 123456790
Courier News	Lesbarkeitstest 9 auf 11 Pixel abcefg ABCDEFG 123456790	Lesbarkeitstest 11 auf 13 Pixel abcefg ABCDEFG 123456790	Lesbarkeitstest 13 auf 15 Pixel abcefg ABCDEFG 123456790
Trebuchet MS	Lesbarkeitstest 9 auf 11 Pixel abcefg ABCDEFG 123456790	Lesbarkeitstest 11 auf 13 Pixel abcefg ABCDEFG 123456790	Lesbarkeitstest 13 auf 15 Pixel abcefg ABCDEFG 123456790
Comic Sans MS	Lesbarkeitstest 9 auf 11 Pixel abcefg ABCDEFG 123456790	Lesbarkeitstest 11 auf 13 Pixel abcefg ABCDEFG 123456790	Lesbarkeitstest 13 auf 15 Pixel abcefg ABCDEFG 123456790
Lucida Sans Unicode	Lesbarkeitstest 9 auf 11 Pixel abcefg ABCDEFG 123456790	Lesbarkeitstest 11 auf 13 Pixel abcefg ABCDEFG 123456790	Lesbarkeitstest 13 auf 15 Pixel abcefg ABCDEFG 123456790

4.3 HTML

4.3.1 Auszeichnungen

„Unter einer ‚lingua franca' versteht man eine Sprache, die jeder kennt, jeder spricht, jeder leicht erlernen kann und jeder braucht. HTML ist eine solche Sprache. "

SelfHTML.org

Die Hypertext Markup Language (HTML) ist eine Auszeichnungssprache, die Bestandteile eines textbasierten Dokuments beschreibt, indem es sie *auszeich-net*. Statt Pokale und Urkunden ist damit nichts weiter gemeint, als dass die Elemente markiert werden – und zwar durch so genannte Tags („Marken").

Auszeichnungssprachen
Beispiel einer Auszeichnungs-sprache. Die Bibliotkek enthält Bücher, die wiederum durch einen Titel und einen Autor defi-niert sind. Wie man sieht, lassen sich die Tags beliebig inein-ander verschachteln, solange dabei eine hierarchischen Glie-derung bebehalten wird.

```
<Bibliothek>

    <Buch>

        <titel>Zeichen setzen</titel>
        <autor>Ralf Herrmann</autor>
    </Buch>
    < Buch>
        [...]
    </Buch>
</Bibliothek>
```

Indem Elemente durch ein öffnendes und ein schließendes Tag eingeschlossenen werden, sind sie *ausgezeichnet* und können entsprechend ausgewertet werden. In HTML können Tags dabei strukturell *(logisch)* oder darstellungsbasiert *(phy-sisch)* sein. Eine strukturelle Auszeichen wäre zum Beispiel die Definition von Überschriften und Absätzen.

```
<h1> Das ist eine Headline </h1>
<p>  Hier folgt der Absatz </p>
```

Das ist eine Headline

Hier folgt der Absatz

Browser-Anzeige
Standardmäßig werden Überschriften fett und groß dargestellt; ein Absatz erzeugt automatisch einen Absatzumbruch.

Diese Strukturierung von Texten einer Webseite nimmt im Webdesign eine ebenso wichtige Rolle ein wie Absatz- und Zeichenvorlagen in der Textverarbeitung, da die Tags dazu benutzt werden, die damit ausgezeichneten Inhalte in einer vom Browser oder Webdesigner definierten Weise anzuzeigen.

Überschriften

HTML unterscheidet sechs Überschriftenebenen, um Hierarchieverhältnisse in Dokumenten abzubilden. Sofern nicht explizit anders definiert, gibt der Browser jede Überschriftenebene selbstständig in einer anderen Schriftgröße aus, wobei die 1. Ordnung die größte, die 6. Ordnung die kleinste Schrift ist. Eine Überschrift bildet immer einen eigenen Absatz. Zusätzliche Zeilenumbrüche vor oder nach der Überschrift sind deshalb nicht nötig.

```
<h1> Headline 1. Ordnung </h1>
<h2> Headline 2. Ordnung </h2>
<h3> Headline 3. Ordnung </h3>
<h4> Headline 4. Ordnung </h4>
<h5> Headline 5. Ordnung </h5>
<h6> Headline 6. Ordnung </h6>
```

Headline 1. Ordnung

Headline 2. Ordnung

Headline 3. Ordnung

Headline 4. Ordnung

Headline 5. Ordnung

Headline 6. Ordnung

Absätze

Absätze dienen der optischen Gliederung eines Textes und bilden damit einen essentiellen Bestandteil jeder Webseite. Die Definition eines Absatzes erzeugt, analog zur Textverarbeitung, immer einen Umbruch am Absatzende, sodass Absätze automatisch immer frei stehen.

Der Tag ‹p› (für „Paragraph") erzeugt einen Absatz.

```
<p> Erster Absatz </p> <p> Zweiter Absatz, darunter(!) </p>
```

Umbrüche, Tabstopps und mehrere Leerzeichen hintereinander, die in einem HTML-Dokument gesetzt werden können, dienen vornehmlich der besseren Übersichtlichkeit für den Webdesigner – vom Browser werden sie bei der Anzeige ignoriert.

```
<p> Dieser Satz
    wird später im Browser
    in einer Zeile angezeigt! </p>
```

Ein Absatz endet erst bei Erreichen des schließenden Tags und kann deshalb im Quelltext nicht durch einfaches Betätigen der Return-Taste erreicht werden.

Die Ausrichtung eines Absatzes wird über den Parameter *align* bestimmt. Fehlt diese Angabe, wird der Absatz automatisch linksbündig angezeigt. Die Verwendung des Blocksatzes ist auf Webseiten nur in seltenen Fällen sinnvoll. Da die Browser keine selbstständige Silbentrennung vornehmen können, reißt der Blocksatz meist große Löcher in den Absatz, wodurch die Lesbarkeit unnötig erschwert wird.

```
<p align="left"> Dieser Absatz ist links ausgerichtet </p>
<p align="right"> Dieser Absatz ist rechts ausgerichtet </p>
<p align="center"> Dieser Absatz ist mittig ausgerichtet </p>
<p align="justify"> Dieser Absatz ist im Blocksatz </p>
```

Dieser Absatz ist linksbündig ausgerichtet.

                              Dieser Absatz ist rechtsbündig ausgerichtet.

                    Dieser Absatz ist mittig ausgerichtet.

Dies ist ein Absatz im Blocksatz. Der Blocksatz ist nur zu empfehlen, wenn die Zeilen lang genug sind. Ansonsten kommt es zu störenden Löchern im Satzbild.

Innerhalb von Absätzen können weitere, sowohl logische als auch physische, Auszeichnungen vorgenommen werden.

Logische Textauszeichnung

Bei der Erfindung des Internets stand das Aussehen der Webseiten zunächst im Hintergrund. Die HTML-Sprache sollte Struktur und Inhalt der Seiten beschreiben, um sie auf verschiedenen Anzeigegeräten ausgeben zu können. Aus dieser Forderung entstanden die logischen Textauszeichnungen. Mit ihnen werden begrenzte Abschnitte gemäß ihrer Funktion bestimmten Textarten, zum Beispiel „Zitat" oder „Quelltext", zugeordnet. Der Grundgedanke dahinter ist zunächst eher das hierarchische Ordnungsprinzip einer Auszeichnungssprache und weniger die Darstellung.

Dennoch reagieren die Browser in der Regel auch auf logische Textauszeichnungen. So werden als Quelltexte ausgezeichnete Texte meist automatisch in einem Monospaced-Font angezeigt, Zitate in einer kursiven Schrift und so weiter. Der Vorteil dabei ist, dass man sich nicht um die manuelle Formatierung alle Zitate, Quelltexte und so weiter kümmern muss. Einmal ausgezeichnet werden sie automatisch und einheitlich formatiert.

Logische Textauszeichnungen	Bedeutung
`<em>...</em>`	emphatisch (betont)
`<strong>...</strong>`	stark betont
`<code>...</code>`	Quelltext
`<samp>...</samp>`	Beispiel
`<kbd>...</kbd>`	Benutzereingabe
`<var>...</var>`	Variable
`<cite>...</cite>`	Quelle/Autor
`<q cite="Quelle">...</q>`	Zitat mit Quellenangabe
`<dfn>...</dfn>`	Definition
`<abbr>...</abbr>`	Abkürzung
`<acronym>...</acronym>`	Akronym

Physische Textauszeichnung

Als das Internet immer mehr aus dem Wirkungsbereich des universitären Informationsaustauschs heraustrat, wurden die Wünsche nach einer Einflussnahme auf das Erscheinungsbild immer größer. Mit den Browsern, zum Beispiel dem damals dominierenden Netscape Navigator, wurden am HTML-Standard vorbei eigene Befehle etabliert, mit denen sich Texte auch physisch auszeichnen lassen. Während mit logischen Auszeichnungen die Darstellung nur indirekt beeinflusst wird, geben physikalische Auszeichnungen eine konkrete Darstellungseigenschaft des Textes an, wie zum Beispiel Fettschrift, Hoch- und Tiefstellungen und so weiter. Physische Auszeichnungen ähneln dabei ihrem Wesen nach einer Zeichenformatvorlage in der Textverarbeitung. Sie werden meist lokal eingefügt und ermöglichen besondere Formatierungen oder Hervorhebungen innerhalb eines Absatzes.

```
<p>  Text in <b>fetter</b> und <i>kursiver</i> Schrift </p>
```

> ## Text in **fetter** und *kursiver* Schrift

Physische Textauszeichnung
Diese Auszeichnungen erzeugen, sofern vom Browser unterstützt, die in der Spalte „Bedeutung" angegebene Formatierung.

Physische Textauszeichnungen	Bedeutung
`<b>...</b>`	*fett*
`<i>...</i>`	*kursiv*
`<tt>...</tt>`	*monospaced (Tele Typer)*
`<u>...</u>`	*unterstrichen*
`<strike>...</strike>`	*durchgestrichen*
`<s>...</s>`	*durchgestrichen*
`<big>...</big>`	*größer als normal*
`small>...</small>`	*kleiner als normal*
`<sup>...</sup>`	*hochgestellt*
`<sub>...</sub>`	*tiefgestellt*

Diese Auszeichnungen lassen sich beliebig kombinieren (zum Beispiel fett, kursiv und unterstrichen) und ineinander verschachteln.

```
<p> <i> kursiv <b> kursiv und fett </b> nur kursiv </i> </p>
```

4.3.2 Das Font-Tag

Die Einstellung von Schriftart, Schriftgröße und Schriftfarbe erfolgte lange Zeit ausschließlich über das Font-Tag. Heute gilt dessen Benutzung im professionellen Webdesign als veraltet und wird meist durch ausgelagerte CSS-Definitionen übernommen (siehe Seite 238). Dennoch zeichnet sich das Font-Tag nach wie vor durch seine umfassende Browser-Kompatibilität und die sehr einfache Anwendung aus. Für Anfänger und kleinere Webseiten ist es deshalb durchaus noch empfohlen.

```
<p> <font> Hier steht ein Text </font> </p>
```

Das Font-Tag definieren hier zunächst einen Bereich, in dem eine Schriftformatierung vorgenommen werden soll. Das Font-Tag soll gemäß der Norm nur innerhalb von Absätzen verwendet werden und diese nicht umschließen. Das bedeutet, dass die Schriftformatierungen in jedem Absatz neu definiert werden muss. Wie die Schriftformatierung erfolgen soll, wird durch die Parameter des Font-Tags bestimmt. Der Parameter *size* bestimmt die Schriftgröße, *face* die Schriftart(en) und *color* die zu verwendende Schriftfarbe.

Schriftgröße

Die Schriftgröße kann Werte zwischen eins und sieben annehmen. Die Normalschriftgröße ist drei.

```
<p> <font size="1"> das Kleingedruckte </font> </p>
<p> <font size="2"> kleiner Lesetext </font> </p>
<p> <font size="3"> normaler Lesetext </font> </p>
<p> <font size="4"> Überschrift </font> </p>
<p> <font size="5"> größere Überschrift </font> </p>
<p> <font size="6"> sehr große Überschrift </font> </p>
```

Unterschiedliche Schriftgrößen
Da die Betriebssysteme intern mit unterschiedlichen Monitorauflösungen rechnen (Windows: 96 PPI, Mac OS: 72 PPI), werden die Schriften nicht gleich groß dargestellt. Eine Lösung bieten lediglich CSS-Definitionen.

Alternativ kann die Schriftgröße durch ein vorangestellte Plus- oder Minuszeichen im Verhältnis zur Normalschriftgröße notiert werden.

```
<p> <font size="+2"> 2 Nummern größer als normal </font> </p>
<p> <font size="-1"> etwas kleiner als normal </font> </p>
```

Schriftart

Über den Parameter *face* wird dem Browser des Besuchers eine oder mehrere Schriftarten zur Anzeige des Abschnittes vorgeschlagen. Der Name der Schrift muss exakt mit Namen des installierten Fonts übereinstimmen. Mehrere Schriftartnamen werden dabei einfach durch Kommata getrennt. Der Browser geht die Schriftliste dann von links nach rechts durch und benutzt die Schrift zur Anzeige, die er zuerst findet.

```
<font face="Verdana, Arial, sans-serif"> Text </font>
<font face="Georgia, Times New Roman, serif"> Text </font>
<font face="Courier New, Courier, monospace"> Text </font>
```

Es sollte immer darauf geachtet werden, dass der Browser mehrere ähnliche Schriftarten zur Auswahl hat. Haben die Schriften auf verschiedenen Betriebssystemen verschiedene Namen, können diese ebenfalls als Liste verwendet werden.

```
<font face="Lucida Grande, Lucida Sans, Lucida Sans Unicode,
            Lucida, Verdana, sans-serif"> Text </font>
```

Schriftfarbe

Die Schriftfarbe wird mit dem Parameter *color* bestimmt und in der Regel in hexadezimaler Schreibweise mit sechs Stellen notiert. Dabei entsprechen jeweils zwei Stellen den Anteilen der Grundfarben Rot, Grün und Blau. Auf diese Weise kann der Anteil jeder Farbe über 256 Stufen bestimmt werden, wobei „00" („Null Null") einer nicht aktive Farbe entspricht und „FF" einer vollen Aktivierung.

Hexadezimale Schreibweise
Das Rautezeichen teilt dem Browser mit, dass die folgende Farbangabe in hexadezimaler Schreibweise erfolgt.

```
<font color="#FF0000"> Roter Text </font>
<font color="#00FF00"> Grüner Text </font>
<font color="#FFFFFF"> Weißer Text </font>
<font color="#000000"> Schwarzer Text </font>
```

Viele Standardfarben, wie zum Beispiel die VGA-Grundfarben (black, gray, maroon, red, green, lime, olive, yellow, navy, blue, purple, fuchsia, teal, aqua, silver, white), lassen sich auch direkt über ihren Namen ansprechen.

```
<font color="yellow"> Gelber Text </font>
```

4.3.3 Zeichenkodierung im Webdesign

Beim Webdesign muss man besonders auf die korrekte Kodierung von Zeichen achten. Während Dateiformate wie Word die Information der zu verwendenden Zeichenkodierung stets mittransportieren und dem öffnenden Programm somit verraten, welche Zeichenkodierung zu verwenden ist, muss der Ersteller einer Webseite selbst darauf achten, dass diese Hinweise enthalten sind. Anderenfalls benutzt der Browser einfach seine Standardkodierung. Wird beispielsweise der Text „fünf große Äpfel für 3 €" ohne weitere Angaben in einer Webseite verwendet, wird ein Browser, der eine englische oder deutschsprachige Benutzerführung hat, vermutlich die Zeichenkodierung Latin-1 (ISO 8859-1) verwenden und den Text glücklicherweise korrekt wiedergeben. Benutzer mit einer anderen Standardkodierung sehen lediglich folgendes:

kyrillisch: fУMnf groУ□e У□pfel fУMr 3 т□Ќ

arabisch: f□nf gro□e □pfel f□r 3 ق□‹

griechisch: f□Onf gro□e □pfel f□Or 3 β□¬

Angaben zur Zeichenkodierung

Diese Probleme lassen sich im Webdesign auf zwei Arten umgehen. Zunächst sollte im Kopf der HTML-Datei stets die zu verwendende Zeichenkodierung angegeben werden.

```
<meta http-equiv="Content-Type"
      content="text/html; charset=iso-8559-1" />
```

Dies ist der Standardzeichensatz für die meisten westeuropäischen Sprachen. Wenn auch Texte anderer Schriftsysteme auf der Webseite zum Einsatz kommen, kann auch die Unicode-Kodierung verwendet werden, die alle aktuellen Browser verstehen.

```
<meta http-equiv="Content-Type"
      content="text/html; charset=utf-8" />
```

UTF-8 steht für *8-bit Unicode Transformation Format* und ist eine typische Kodierungsform für Unicode-Zeichen über eine Bytekette mit variabler Länge.

233

Maskierung von Sonderzeichen

Zeichen, die außerhalb des ASCII-Zeichensatzes liegen, sollten immer *maskiert* werden. Statt Sonderzeichen, wie zum Beispiel die deutschen Umlaute oder das Eszett, nur über den Wert ihrer Zeichenkodierung zu übertragen, benutzt man eine eindeutige Kennung für jedes Zeichen. Auf diese Weise umgeht man das Problem, dass Zeichenkodes außerhalb des ASCII-Raumes in verschiedenen Kodierungen ganz verschiedene Zeichen repräsentieren können. Die Maskierung der Sonderzeichen kann auf zwei Arten erfolgen: als sogenanntes *Entity* („benanntes Zeichen") oder als Unicode-Wert. Ein Entity ist ein kurzer, aber immer eindeutiger Name für ein Zeichen – völlig unabhängig davon, welche Zeichenkodierung die Webseite benutzt.

Sonderzeichen als Entitys
Eine Auswahl von Entitys für Sonderzeichen. Eine vollständige Liste findet sich zum Beispiel unter selfhtml.org
Vorsicht: Groß- und Kleinschreibung wird bei einigen Entitys, zum Beispiel bei den Umlauten, unterschieden.

Zeichen	HTML-Entity
ß *(Eszett)*	`&szlig;`
ä	`&auml;`
Ä	`&Auml;`
ö	`&ouml;`
Ö	`&Ouml;`
ü	`&uuml;`
Ü	`&Uuml;`
€	`&euro;`
»	`&raquo;`
«	`&laquo;`
„	`&bdquo;`
"	`&ldquo;`
®	`&reg;`
©	`&copy;`
™	`&trade;`
… *(Ellipse)*	`&hellip;`

Sonderzeichen wie diese sollten immer nur als Entitys in einer Webseite verwendet werden. Aber keine Angst: Werden HTML-Editoren wie *Dreamweaver* verwendet, übernimmt das Programm die Umwandlung in ein Entity oder den entsprechenden Unicode-Wert automatisch, während man tippt oder Texte über die Zwischenablage einfügt.

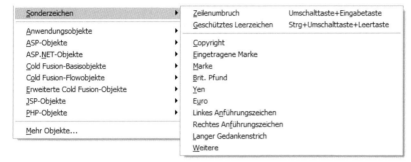

Sonderzeichen-Eingabe
In HTML-Editoren können typische Sonderzeichen bequem über eine Menüsteuerung eingegeben werden.

Wenn auf der Webseite HTML-eigene Sonderzeichen dargestellt werden sollen, müssen diese ebenfalls maskiert werden, um nicht vom Browser als HTML-Kommandos interpretiert zu werden.

Zeichen	HTML-Entity
&	`&amp;` (Ampersand)
‹	`&lt;` (lower than)
›	`&gt;` (greater than)
"	`&quot;` (quote)

Alternativ zu den benannten Zeichen können Sonderzeichen auch über ihren Unicode-Wert angesprochen werden. Diese Notierung funktioniert gleichwertig zu den Entitys, ist jedoch verständlicherweise weniger gut merkbar. Sofern der HTML-Editor aber eine automatische Umwandlung in die Unicode-Kodierung anbietet, kann darauf bedenkenlos zurückgegriffen werden.

Zeichen	Unicode-Notierung
€	`&#8364;`

4.3.4 Striche und Leerräume

Im Webdesign wird der Einfachheit halber oft auf typografische Feinheiten verzichtet. Das Zollzeichen muss zum Beispiel als Ersatz für alle Arten von Anführungszeichen herhalten, und der Bindestrich ist gleichsam der Gedankenstrich. Für anspruchsvollere Webseiten bietet aber der HTML-Standard genügend Möglichkeiten, die korrekten Zeichen zu setzen und den Schriftsatz zu beeinflussen.

Brockhaus · Duden · Meyers   Gesamtkatalog

DUDEN

SERVICE

NEUE
RECHTSCHREIBUNG

DEUTSCHE
SPRACHE

SCHULE UND LERNEN

PRODUKTE

DUDEN-SUCHE

125 JAHRE DUDEN

Site-Suche Hilfe Kontakt Schrift

→ Verlagskatalog
→ Download-Shop
→ Newsletter
→ Presseservice
→ Sprachtechnologie
→ Kurzweil
→ Impressum

4.3 Auslassungspunkte

§ 99

Mit drei Punkten (Auslassungspunkten) zeigt man an, dass in einem Wort, Satz oder Text Teile ausgelassen worden sind.

Du bist ein E...! Scher dich zum ...!

»... ihm nicht weitersagen«, hörte er ihn gerade noch sagen. Der Horcher an der Wand ...

Vollständiger Text: In einem Buch heißt es: »Die zahlreichen Übungen sind konkret auf das abgestellt, was vorher behandelt worden ist. Sie liefern in der Regel Material, mit dem selbst gearbeitet und an dem geprüft werden kann, ob das, was vorher dargestellt wurde, verstanden worden ist oder nicht. Die im Anhang zusammengestellten Lösungen machen eine unmittelbare Kontrolle der eigenen Lösungen möglich.«

Mit Auslassung: In einem Buch heißt es: »Die ... Übungen ... liefern ... Material, mit dem selbst gearbeitet ... werden kann ... Die ... Lösungen machen eine ... Kontrolle ... möglich.«

Typografie im Webdesign
Die Webseite des Duden-Verlages (Abbildung oben) beweist, dass man auch im Webdesign nicht auf typografische Anführungszeichen, Gedankenstriche, Ellipsen und so weiter verzichten muss.

Für den Gedanken- und den Geviertstrich existieren folgende Entitys:

Zeichen	HTML-Entity
– *(Gedankenstrich)*	`&ndash;`
— *(Geviertstrich)*	`&mdash;`

Die Beeinflussung des Umbruches von Texten gestaltet sich im Webdesign verständlicherweise recht schwierig, da der Textfluss erst vom Browser des Besucher bestimmt wird und oft von den verschiedensten Parametern, wie zum Beispiel dem im Browser eingestellten Schriftgrad oder der gewählten Fenstergröße, abhängig ist. Dennoch kann zum Beispiel über das geschützte Leerzeichen *(nonbreaking Space)* verhindert werden, dass Namen, Telefonnummern, Preisangaben und so weiter am Spaltenende auseinander gerissen werden. Dieses Zeichen ist auch deshalb besonders hilfreich, da es nur mit ihm möglich ist, mehrere Leerzeichen, zum Beispiel als Abstandshalter, hintereinander zu setzen. Mehrere einfache Leerzeichen würden vom Browser ignoriert und immer nur als ein Leerzeichen dargestellt werden.

Zeichen	HTML-Entity
geschütztes Leerzeichen	` `

Wie in der Textverarbeitung erzeugt das Betätigen der Return-Taste im HTML-Editor stets einen neuen Absatz. Einen Zeilenwechsel ohne Absatzende erreicht man über folgenden Befehl:

Zeichen	HTML-Entity
weicher Umbruch	` `

Weicher Umbruch
Diese Zeichen wird in der Regel über Umschalt + Return eingegeben.

Auch Abstandszeichen sind im HTML-Standard definiert. Da sie aber zum gegenwärtigen Zeitpunkt meist gar nicht oder fehlerhaft dargestellt werden, ist ihr Einsatz mit Vorsicht zu genießen.

Zeichen	HTML-Entity
Halbgeviertabstand	` `
Geviertabstand	` `
Schmales Leerzeichen	` `

4.4 Cascading Style Sheets

Die bisher vorgestellten Methoden der Schriftformatierungen bestechen durch ihre einfache Anwendung und der auch für Anfänger guten Lesbarkeit und Verständlichkeit im Quelltext. Doch je größer eine Webseite wird, desto schneller kehren sich die Vorzüge dieser Technik ins Gegenteil um. Ein wesentlicher Nachteil ist die unvermeidliche Durchmischung von Struktur, Inhalt und Formatierung. Die Definition von Schriftarten und -größen über das Font-Tag müssen zum Beispiel in jedem Textabsatz wiederholt werden. Dies führt nicht nur zu einer großen Redundanz gleicher Anweisungen – es macht auch nachträgliche Änderungen unnötig aufwändig. Hier setzt CSS an. Hinter den *Cascading Style Sheets* verbirgt sich eine umfassende, normierte Erweiterungssprache zu HTML, die Definitionen von Formateigenschaften beinhaltet und diese völlig unabhängig vom Inhalt verwaltet. Das heißt im Klartext, dass alle Formatierungen, die die Elemente einer Webseite besitzen können, herausgelöst werden und die Webseite nur noch aus Inhalt und strukturellen Befehlen besteht. Die Formatierungen selbst werden – ähnlich den Absatz- und Zeichenvorlagen in der Textverarbeitung – zentral verwaltet, und Änderungen wirken sich automatisch auf alle Elemente aus, die auf diesen CSS-Definitionen beruhen. Dabei ist CSS aber nicht nur ein Ersatz für die herkömmlichen Formatierungsbefehle, sondern erweitert das Webdesign um unzählige neue Formatierungsmöglichkeiten, die ohne CSS gar nicht möglich wären. So stehen zum Beispiel für die Formatierung von Schriftarten nun neue Kommandos zur Bestimmung von Zeilenabstand, Laufweite und Einzügen zur Verfügung. Zum Allheilmittel der Webdesigner ist CSS dennoch nicht geworden. Denn die neue Lösung schafft neue Probleme. Vor allem die sich noch immer sehr stark unterscheidende Umsetzung des CSS-Standards in den verschiedenen Browsern bleibt ein ständiges Ärgernis – vor allem, wenn auch die Layoutdefinitionen der Webseite ausgelagert werden. Für die Umsetzung von Schriftformatierungen kann man CSS aber bedenkenlos empfehlen. Dennoch ist beim Einsatz von CSS das Testen der Webseite in möglichst vielen Browserversionen unabdingbar.

Abbildung rechts
Wer sich von den Möglichkeiten von CSS überzeugen will, dem sei die Seite csszengarden.com empfohlen. Die gleiche HTML-Seite wird über externe CSS-Dateien immer neu formatiert.

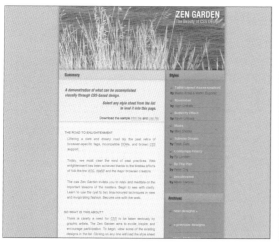

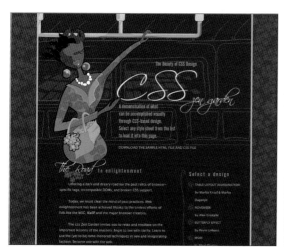

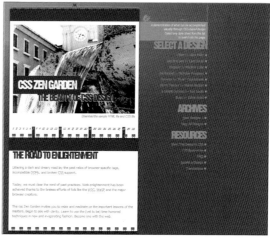

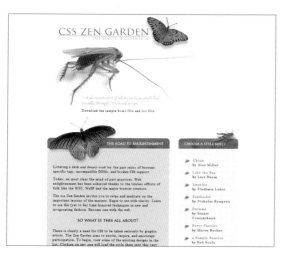

4.4.1 Der Aufbau von CSS-Definitionen

CSS-Definitionen folgen einem einfachen Schema und können bestehenden oder selbst definierten HTML-Elementen zugewiesen werden. Dies geschieht über den sogenannten *Selektor*.

```
Selektor { Eigenschaft: Wert; }
```

Welche Formatierungen auf dieses Element anzuwenden sind, bestimmt die *Deklaration*, die aus *Eigenschaften* und deren *Werten* besteht. Jedem Selektor können dabei beliebig viele Eigenschaften zugewiesen werden.

Formate für HTML-Elemente

Mittels CSS können für beliebige HTML-Elementtypen Formatierungen vorgenommen werden. Hier ein Beispiel:

```
h1 {
    font-size: 18px;
    font-weight: bold;
    }
```

Dieses Stylesheet weist allen Überschriften der ersten Kategorie zwei Eigenschaften zu: Die Schriftgröße soll 18 Pixel betragen und der Text soll fett dargestellt werden. Diese Formatierung wirkt sich automatisch auf alle Überschriften der ersten Kategorie aus und muss nun nicht mehr von Hand übertragen werden. Änderungen an der CSS-Definition sind dabei jederzeit zentral möglich. Soll die Formatzuweisung nicht nur für ein HTML-Element gelten, können im Selektor auch mehrere HTML-Elemente, durch Kommata getrennt, angegeben werden.

Die HTML-Elemente können dabei auch verschachtelt benutzt werden.

```
h1    { font-size: 18px; }
h1 i { font-style:normal; font-weight: bold; }
```

Diese Beispiel bewirkt, dass in einer Überschrift der ersten Kategorie Texte, die mit ‹i› ... ‹/i› eingeschlossen sind, nicht wie üblich kursiv, sondern fett dargestellt werden.

Mit der bisherigen Formatierung kann aber einem HTML-Element, zum Beispiel der ersten Überschriftenkategorie, nur jeweils eine Formatierung zugewiesen werden. Über die Unterklassen lassen sich weitere Formatierungsvariationen bilden.

```
h1.blue    { color: #0000FF; }
h1.green   { color: #00FF00; }
```

Während sich die direkten Zuweisungen zu einem HTML-Element automatisch auswirken, müssen die Unterklassen später im HTML-Quelltext explizit über das *Class-Attribut* angesprochen werden.

```
<h1 class="blue"> Blaue Nachricht </h1>
<h1 class="green"> Gruene Nachricht </h1>
```

Definition eigener Formate

Neben der direkten Zuweisung von Stylesheets auf bestehende HTML-Elemente, ist es oft zweckmäßig, eigene Formate – so genannte *Klassen* – zu definieren. Auf diese Weise lassen sich die Formatierungen später auf beliebige Elemente oder Abschnitte anwenden.

```
.rubrikeins { font-size: 12px; font-color: #FF0000; }
.rubrikzwei { font-size: 12px; font-color: #00FF00; }
```

Eigene CSS-Elemente
Der Punkt vor dem Selektor kündigt einen selbstbestimmten Namen an.

Diese eigenen Formatierungen können im HTML-Quelltext wieder mit dem Class-Attribut an ein beliebiges HTML-Element gebunden werden.

```
<p class="rubrikeins"> ein Textabsatz </p>
```

Da eine eigene Formatierung aber nicht an ein HTML-Element gebunden ist, kann auch völlig beliebiger Bereich definiert werden. Dazu dient das *Span-Tag* oder das *Div-Tag*. Mit dem *Span-Tag* wird ein beliebiger Bereich „aufgespannt", in dem die Formatierungen wirksam werden.

```
Text <span class="rubrikeins"> formatierter Text </span> Text
```

Das *Span-Tag* eignet sich besonders zum Einsatz innerhalb eines Textes, da es lediglich einen Abschnitt markiert, aber selbst keinen Einfluss auf das Layout hat. Das *Div-Tag* ist dagegen ein Blockelement, das größere Bereiche einer Webseite einschließt und immer eine neue Zeile im Textfluss erzeugt.

Während Klassen meist zur Formatierung wiederkehrender Elemente genutzt werden, können *ID-Selektoren* nur dokumentweit einzigartige Elemente ansprechen. Auf diese Weise werden deshalb in der Regel nur die Grundstrukturen einer Webseite definiert, zum Beispiel Kopfbereich, Navigation, Inhalt und Fußbereich. Ein ID-Selektor wird in der CSS-Definition mit der Raute eingeleitet:

```
#hauptmenue   {   background-color: blue   }
```

Im Quelltext erfolgt die Zuweisung dann nicht mit *class,* sondern mit *ID:*

```
<div id="hauptmenue"> Hier folgt das Menue </div>
```

Pseudo-Elemente und -Klassen

Mit Pseudo-Klassen kann auf Eigenschaften von Elementen zugegriffen werden, die sich sonst nicht direkt ansprechen lassen. Die häufigste Anwendung bilden die fünf Zustände von Hyperlinks. Ein Hyperlink kann sich in einer Webseite im Normalzustand befinden (link), bereits besucht sein (visited), mit der Maus überfahren werden (hover), gerade aktiv (active) oder im Fokus sein (focus). Über Pseudo-Klassen können diese Zustände unabhängig voneinander formatiert werden.

```
a:link   { color:#0000E0; text-decoration:none }
a:visited   { color:#000080; text-decoration:none }
a:hover   { color:#E00000; text-decoration:none }
a:active   { color:#E00000; text-decoration:underline }
a:focus { color:#00E000; text-decoration:underline }
```

In diesem Beispiel wechseln alle Links der Webseite beim Überfahren mit der Maus automatisch die Farbe von blau zu rot. Aktive Links sind unterstrichen und bereits besuchte werden in einem dunkleren Blau angezeigt.

4.4.2 Einbindung von CSS-Definitionen

CSS-Definitionen können an verschiedenen Positionen und auf unterschiedliche Arten in einer Webseite eingebunden oder referenziert werden.

CSS innerhalb eines HTML-Elements

In der einfachsten Form werden die CSS-Definitionen als Attribute an einen beliebigen HTML-Tag angehängt. Diese Benutzung widerspricht natürlich dem Grundgedanken von CSS und eignet sich deshalb nur, wenn die Formatierung lediglich einmal im Dokument vorkommt.

```
<h2 style="font-size: 12px;"> Headline </h2>
```

CSS im HTML-Header

Werden CSS-Definitionen mehrfach auf einer Seite verwendet, können sie zentral im HTML-Header der Datei abgelegt werden.

```
<html>
<head>
<style type="text/css">
<!--
h2 { font-size: 12px; }
-->
</style>
</head>
<body> Inhalt der Webseite </body>
</html>
```

Versteckte CSS-Definition
Der Einschluss der CSS-Definitonen in Kommentar-Tags zwischen <!-- und --> versteckt die Anweisungen, falls ältere Browser kein CSS verstehen.

CSS in separate Datei auslagern

Da Internetseiten nur selten aus einer einzigen HTML-Datei bestehen, ist es in aller Regel zweckmäßig, alle CSS-Definitionen komplett aus den einzelnen HTML-Dateien auszulagern und nur noch im Header zu referenzieren. Auf diese Weise wirken sich Änderungen an der CSS-Datei sofort auf alle HTML-Dateien aus, ohne dass diese einzeln bearbeitet werden müssten.

```
<html>
<head>
<link rel="stylesheet" type="text/css" href="formate.css">
</head>
<body> Inhalt der Webseite </body>
</html>
```

Mit diesem Beispiel wird die externe CSS-Datei „formate.css" beim Aufruf der Seite eingelesen und die enthaltenen CSS-Definitionen so behandelt, als stünden sie im Header der Datei. Besonders elegant ist bei dieser Methode, dass man für verschiedene Ausgabemedien auch verschiedene CSS-Definitionen deklarieren kann.

```
<link rel="stylesheet" media="screen" href="website.css">
<link rel="stylesheet" media="print" href="druck.css">
```

Während die Bildschirmausgabe vielleicht eine leuchtend-grüne Schrift auf schwarzem Hintergrund benutzt, kann der Ausdruck derselben Seite mit schwarzer Schrift auf weißem Grund erfolgen.

Folgende Medienformate können definiert werden:

Medienformat	Bestimmung
all	für alle Medientypen
aural	für synthetische Sprachausgabe
braille	als Braille-Zeile für blinde Menschen
embossed	für Braille-Drucker
handheld	für tragbare Kleinstcomputer
print	für den Ausdruck auf Papier
projection	für die Datenprojektion mit Beamern
screen	für die Bildschirmanzeige
tty	für nicht-grafische Ausgabemedien
tv	für TV-ähnliche Ausgabegeräte

4.4.3 Schriftformatierung mit CSS

Font-family

Mit dem CSS-Befehl *font-family* kann, analog zum bereits erläuterten Font-Tag, eine Liste der nach Möglichkeit zu verwendenden Schriftarten angegeben werden.

```
font-family: "Times New Roman", Times, serif;
```

Mehrere Schriftarten werden durch Kommata getrennt und Schriftnamen, die Leerzeichen enthalten, mit einfachen oder doppelten Anführungszeichen eingeschlossen. Die letzte Angabe sollte immer eine generische Schrifttypbeschreibung sein. Dazu stehen folgende Gruppen zur Verfügung:

serif: eine Schriftart mit Serifen

sans-serif: eine Schriftart ohne Serifen

cursive: eine kursive Schriftart

fantasy: eine „ungewöhnliche" Schrift

monospace: eine Schriftart mit dicktengleichen Zeichen

Font-style

Der Befehl *font-style* bezieht sich auf die Neigung des Schriftschnittes.

```
font-style: italic;
```

Zur Auswahl stehen *normal,* der aufrechte Schnitt einer Schrift, *italic,* der kursive Schriftschnitt und *oblique,* eine künstlich schräggestellte Schrift, die besser nicht verwendet werden sollte.

Font-variant

Der Befehl *font-variant* wandelt den so formatierten Text in Kapitälchen um, das heißt in Großbuchstaben in der Größe von Kleinbuchstaben. Da es sich hier aber nicht um echte Kapitälchen handelt, ist die Benutzung aus typografischer Sicht eher nicht zu empfehlen.

```
font-variant: small-caps;
```

Zur Auswahl stehen die Wertzuweisungen *normal* und *small-caps.*

Font-size

Der Befehl *font-size* bestimmt die Schriftgröße. Im Gegensatz zu den spärlichen Möglichkeiten, die der Font-Tag zur Bestimmung der Schriftgröße bietet, ist die Schriftgrößendefinition per CSS sehr vielfältig nutzbar.

```
font-size: 13px;
font-size: 24pt;
font-size: 120%;
font-size: larger;
font-size: smaller;
font-size: 2em;
```

Einheiten
Zur Definition der Schriftgröße stehen die rechts abgebildeten Einheiten zur Verfügung.

Einheit	Beschreibung
pt	Punkt
pc	Pica
in	Inch
mm	Millimeter
cm	Zentimeter
px	Pixel
em	em-Größe, bezogen auf die Schriftgröße des Elements
ex	x-Höhe, bezogen auf die x-Höhe des Elements
%	Prozent

Absolute Einheiten wie „pt" und „cm" sollten nur für Drucklayouts verwendet werden. Für die Ausgabe auf dem Bildschirm sind relative Einheiten wie „em" sinnvoll. Diese beziehen sich auf die Grundeinstellungen des Browsers, so dass der Nutzer der Webseite, je nach eigenen Vorlieben, die Schrift größer oder kleiner anzeigen lassen kann.

Die Einheit Pixel („px") wird von vielen Webdesignern gern verwendet, da sie im Internet Explorer nicht vom Nutzer geändert werden kann. Dies widerspricht zwar dem Grundgedanken des Webdesigns, gibt dem Webdesigner aber eine größere Kontrolle über das Layout der Webseite. Außerdem wird nur die Einheit Pixel wirklich auf allen Betriebssystemen gleich groß dargestellt.

Font-weight

Der Befehl *font-weight* bestimmt die Strichstärke des Schriftschnittes. Zur Verfügung stehen die Angaben *normal, bold, bolder, lighter* sowie numerische Werte zwischen 100 (extradünn) und 900 (extrafett). Da aber gerade Systemschriften nur selten in mehr als zwei Strichstärken ausgebaut sind, ist in der Praxis meist nur *normal* und *bold* sinnvoll.

```
font-weight: bold;
```

Word-spacing

Über den Befehl *word-spacing* lässt sich der Wortabstand in Texten bestimmen. Erlaubt sind numerische Angaben, aber keine prozentuellen. Als Einheit empfiehlt sich vor allem „em" als Bezug auf ein Geviert.

```
word-spacing: 0.25em;
word-spacing: 0.5em;
```

Letter-spacing

Über den Befehl *letter-spacing* wird die Laufweite bestimmt, das heißt der Abstand zwischen den Zeichen im Text. So lassen sich zum Beispiel Überschriften oder wichtige Textstellen durch Sperren hervorheben. Auch bei diesem Befehl sind numerische, nicht prozentuelle Angaben erlaubt und „em" als Einheit empfohlen.

```
letter-spacing: 0.1em;
letter-spacing: 0.3em;
```

Text-decoration

Über den Befehl *text-decoration* lassen sich einem Text zusätzliche Formatierungen wie zum Beispiel eine Unterstreichung zuweisen.

```
a:link    { text-decoration: none; }
a:hover   { text-decoration: underline; }
```

Dieses Beispiel zeigt Hyperlinks zunächst ohne Dekoration an, beim Überfahren mit der Maus (hover) wird der Link aber unterstrichen.

Zur Auswahl stehen folgende Optionen:

underline: unterstrichen
overline: überstrichen
line-through: durchgestrichen
blink: blinkend
none: keine Dekoration (Standardeinstellung)

Die Option blink wird von den meisten neueren Browsern – zum Glück – ignoriert.

Text-transform

Der Befehl *text-transform* kann für den gewählten Bereich den Satz in Klein- oder Großbuchstaben erzwingen, unabhängig davon, wie der zu Grunde liegende Text ursprünglich gesetzt ist.

```
text-transform: uppercase;
```

Zur Auswahl stehen folgende Optionen:

capitalize: Wortanfänge in Großbuchstaben
uppercase: nur Großbuchstaben
lowercase: nur Kleinbuchstaben
none: keine Transformierung (Standardeinstellung)

Die Umwandlung in Großbuchstaben ist mit Vorsicht zu verwenden, da so schnell ein Eszett im Satz mit Großbuchstaben auftreten kann, da der Browser dieses nicht automatisch durch Doppel-S ersetzt.

Line-height

Mit dem Befehl *line-height* wird der Zeilenabstand bestimmt. Die Werte können numerisch oder prozentual sein und sollten unbedingt in Abstimmung und in der gleichen Einheit der verwendeten Schriftgröße gewählt werden. Ferner ist die Länge der Textspalten entscheidend. Kurze Spalten vertragen einen kleinen Zeilenabstand, während ein größerer Zeilenabstand bei langen Zeilen dem Auge beim Sprung in die nächste Zeile hilft.

```
line-height: 1.4em;
line-height: 14px;
```

Text-indent

Mit dem Befehl *text-indent* ist nun auch im Webdesign endlich ein automatischer Erstzeileneinzug für mehrzeilige Absätze möglich. Erlaubt sind alle numerischen Werte.

```
text-indent: 20px;
```

Um die erste Zeile auszurücken, muss der linke Rand zunächst eingerückt und die erste Zeile mit einem negativen Einzug versehen werden.

```
margin-left:  3em;
text-indent: -2em;
```

Text-align

Der Befehl *text-align* erlaubt die horizontale Ausrichtung von Textinhalten.

```
text-align: center;
```

Zur Auswahl stehen vier Optionen:

left: linksbündig (Standardeinstellung)
right: rechtsbündig
center: mittig
justify: Blocksatz

White-space

Über den Befehl *white-space* kann das Umbruchverhalten beeinflusst werden. Neben der Standardeinstellung *normal* stehen die Optionen *pre* und *nowrap* zur Verfügung. Bei der Benutzung von *pre* werden die sonst ignorierten Umbrüche im HTML-Text verwendet – dies wird allerdings nicht von allen Browsern unterstützt. Die Zuweisung von *nowrap* bewirkt, dass die Zeile vom Browser nicht automatisch umbrochen wird, auch wenn die Zeile den Rand des Bildschirms erreicht. Ein Umbruch kann dann nur durch fest gesetzte HTML-Kommandos wie ‹br /› erfolgen.

```
white-space: normal;
white-space: pre;
white-space: nowrap;
```

4.5 Text in Grafiken

Während sich im Webdesign für Fließtexte eher die Bildschirm-optimierten Systemfonts anbieten, kann es dennoch immer wieder nötig sein, Texte in einer fest definierten Schriftart anzeigen zu lassen. Auf diese Weise können zum Beispiel bestimmte Bereiche in der Hausschriftart eines Unternehmens gesetzt sein. Da über den reinen HTML-Standard aber keine Fonts übertragen werden können und man so nur auf die Systemfonts des Besuchers zählen kann, bedient man sich hier des Tricks, Texte in eine Grafikdatei umzuwandeln. Diese kann dann auf der Webseite wie jedes andere Bild eingebunden werden.

Pixeldesign
Texte ausschließlich in Grafiken zu verwenden, garantiert die pixelgenaue Kontrolle über die Darstellung. Eine Suchmaschine findet hier jedoch leider nichts Verwertbares.

Der Webdesigner hat damit die volle Kontrolle über das Aussehen der Texte, nicht nur bezogen auf die Schriftart, sondern auch auf Schriftgröße, Kantenglättung und so weiter. Doch natürlich hat diese Arbeitsweise auch einige Nachteile. Zum einen haben Texte als Grafik eine wesentlich höhere Ladezeit. Hinzu kommt, dass ein solcher Text weder von Suchmaschinen indizierbar ist noch vom Besucher

markiert und kopiert werden kann. Der wohl größte Nachteil aus Sicht des Web-designers ist allerdings der Pflegeaufwand. Während sich Texte einer HTML-Seite schnell ändern lassen, muss man bei Grafiken, die Texte enhalten, jedesmal wie-der auf eine *offene* Ursprungsdatei zurückgreifen und die Grafik neu generieren und deren Einbindung in die Webseite gegebenfalls aktualisieren. Aus diesem Grund und den zuvor genannten Nachteilen haben sich im Netz vor allem Mischlö-sungen etabliert. Während die Fließtexte meist reine HTML-Texte sind, greifen Webdesigner bei Überschriften und Navigationsschaltflächen gern auf Texte als Grafik zurück, da man davon ausgeht, dass sich diese eher selten ändern.

Mischformen
Wie viele andere verwendet diese Webseite reine HTML-Fließtexte in Kombination mit Überschriften, die als Grafiken eingebetten sind.

4.5.1 Textgrafiken erstellen

Um Texte als Grafiken zu erstellen, eignet sich prinzipiell jedes Bildbearbeitungs-programm. Besonders zu empfehlen sind aber jene Vertreter dieser Sparte, die spezielle Funktionen für das Webdesign anbieten. Besonders die Einstellungen der Farbreduzierung und Komprimierung der Dateien spielen für das Webdesign eine entscheidende Rolle. Programme wie Photoshop/Imageready oder Fireworks bieten Export-Optionen und -Assistenten an, die genau auf diese Forderungen abgestimmt sind.

Zeichen setzen

Zeichen setzen

Zeichen setzen

Zeichen setzen

Kantenglättung
1. Zeile: kein Anti-Aliasing
2. Zeile: scharf
3. Zeile: stark
4. Zeile: glatt/abrunden

Kantenglättung

Im Gegensatz zur Übertragung der reinen HTML-Texte kann bei Texten in Grafiken die Kantenglättung *(Anti-Aliasing)* genau kontrolliert und optimiert werden. Das Abschalten der Kantenglättung führt zu einer pixeligen Darstellung und ist nur für die so genannten Pixelfonts (siehe Seite 255) zu empfehlen. Die Einstellung „scharf" bewirkt eine Glättung, bei der die Buchstabenkanten dennoch sehr scharf dargestellt werden – oft die beste Variante für Grafiktexte im Web. Bei der Einstellung „stark" wirkt die Schrift insgesamt fetter. Dies kann vor allem bei besonders kleinen Schriftgrößen, schmalen Schriften oder bei invertierten Texten hilfreich sein. Die Einstellung „glatt" beziehungsweise „abrunden" führt zu einer weichen Glättung, die aber gerade bei Texten oft zu einer schlechteren Lesbarkeit führt. Bei der Benutzung der Kantenglättung in Kombination mit einem transparenten Hintergrund ist darauf zu achten, dass das Bildbearbeitungsprogramm die Hintergrundfarbe des Bildes zur Berechnung der Zwischenstufen heranzieht. Es muss deshalb schon hier zumindest annähernd die später auf der Internetseite verwendete Hintergrundfarbe verwendet werden. Anderenfalls kommt es zu deutlichen Rändern um den transparenten Text.

Hintergrundfarbe
Texte, die nicht mit der späteren Hintergrundfarbe erstellt wurden bilden unschöne Artefakte um den Rand aus.

Zeichen setzen

Komprimierung durch Farbreduzierung

Während Fotografien im Internet meist im JPG-Format angelegt sind, bietet sich dieses verlustbehaftete Format für Texte, Logos und einfache Strichgrafiken nicht an. Die Darstellung würde zwangsläufig unscharf erscheinen, und ungewollte Farbverschiebungen können auftreten. Für Texte als Grafiken empfiehlt sich eher das GIF-Format. Es arbeitet verlustfrei, das heißt, die enthaltene Komprimierung verschlechtert die Bildqualität nicht und die Datei lässt sich deshalb, im Gegensatz zum JPG-Format, bedenkenlos beliebig oft öffnen und speichern. Das GIF-Format kann lediglich 256 Farben (oder weniger) darstellen. Dies wäre bei farbigen Fotografien ein Nachteil – für Texte und einfache Strichgrafiken ist dies ideal. Denn durch die Reduzierung auf eine Farbpalette, die nur die gerade verwendeten Farben enthält, kann die Dateigröße einer GIF-Datei extrem verkleinert werden, ohne dass dabei die Qualität der Darstellung gemindert würde.

Eine GIF-Datei in der vollen Farbtiefe von 256 Farben abzuspeichern, würde die Dateigröße völlig unnötig in die Höhe treiben. Stattdessen reichen gerade bei Texten oft nur wenige Farben aus: die Textfarbe selbst, die Hintergrundfarbe und einige Zwischenstufen für die Kantenglättung. Die weboptimierten Bildbearbeitungsprogramme helfen bei der Erstellung der optimalen Farbpalette einer GIF-Datei.

Optimierter GIF-Export
Diese Grafik kommt beispielsweise mit einer Palette von nur sechs Farben aus. Die Dateigröße ist mit circa 700 Byte dabei verschwindend gering.

Das GIF-Format bietet beim Export die Möglichkeit, eine Farbe oder einen Bereich als transparent zu markieren. So lassen sich Textgrafiken auch ausgestanzt über Farbflächen und Hintergrundbilder legen.

Sie wählen automatisch die dominierenden Farben des Bildes aus und verwerfen nicht verwendete. Meist können sogar weniger Farben benutzt werden, als im ursprünglichen Bild vorhanden sind. Das Programm sucht dann für jeden Pixel, dessen Farbe nicht mehr vorhanden ist, den nächstmöglichen Farbton aus.

4.5.2 Textgrafiken einbinden

Die Einbindung einer Textgrafik erfolgt im Quelltext der HTML-Datei wie bei jedem anderen Bild auch über das Image-Tag. Beim Einsatz von Textgrafiken sollte der enthaltene Text zusätzlich in den Parameter *alt* geschrieben werden. Dieser kann von Suchmaschinen indiziert werden und wird alternativ angezeigt, wenn die Bilddarstellung vom Besucher deaktiviert wurde.

```
<img src="meinbild.gif" alt="Zeichen setzen" border="0">
```

4.6   Typografie in Flash

Das Multimedia-Plugin *Flash* hat sich zu einem Standardwerkzeug im Webdesign entwickelt – vor allem da, wo Webseiten eher Erlebnis- als Informationscharakter besitzen sollen. Denn mit Flash lassen sich Video-, Text-, Audio- und Grafikelemente animiert und interaktiv in einer Flash-Datei kombinieren. Diese kann in HTML-Seiten wie eine Grafik eingebettet werden. Der zur Anzeige der Flash-Inhalte nötige Flashplayer ist heute weit verbreitet, so dass dem Einsatz der Flash-Technik heute kaum mehr etwas im Wege steht. Die Möglichkeiten übersteigen jene des klassischen HTML-Webdesigns bei weitem, auch wenn es natürlich auch Nachteile gibt. Auch im Bezug auf Schrift und Typografie unterscheiden sich die Funktionen und Arbeitsweisen.

4.6.1   Schrift formatieren und einbetten

In Flash kann prinzipiell mit Schrift umgegangen werden wie in einem Bildbearbeitungs- oder Illustrationsprogramm. Ohne jegliche Programmierkenntnisse können alle Parameter wie Schriftart, Schriftgröße, Zeilenabstand und so weiter bequem über eine Palette eingestellt werden. Texte lassen sich verlustlos skalieren, drehen, verformen und vieles mehr. Unterschneidungen sind einstellbar, und Zeichen können hoch- und tiefgestellt werden. Kontur und Füllung einer Schrift lassen sich getrennt bearbeiten und sogar mit Verläufen füllen.

Im Gegensatz zu HTML verfügt Flash von Hause aus über die Möglichkeit, Fonts in das Dokument einzubetten. Die Beschränkung auf auf wenige Systemfonts entfällt also völlig, und jede auf dem System des Webdesigners verfügbare Schrift kann benutzt werden. Über das Fenster ZEICHENOPTIONEN kann bestimmt werden, ob und wenn ja, welche Zeichen eingebettet werden sollen. Eine Beschränkung auf bestimmte Zeichen kann durchaus sinnvoll sein, da gerade bei umfangreichen Unicode-Schriften eine vollständige Einbettung die Ladezeit der Flashseite unnötig erhöhen würde. Werden eingebettete Fonts verwendet, verfügt der Webdesigner über die volle Kontrolle des Textflusses, also über Umbrüche, Buchstabenabstände und so weiter.

Dennoch sollte bedacht werden, dass nicht jede mögliche Schrift auch die beste sein muss. Auch in Flash bietet es sich durchaus immer wieder an, auf die bewährten Systemschriften zurückzugreifen, besonders dann, wenn die Texte länger oder in kleinen Schriftgrößen gesetzt sind. Neben der konkreten Angabe eines Schriftnamens kann auch lediglich ein generischer Schriftstil angegeben werden. Zur Auswahl stehen _sans, _serif und _typewriter. In diesem Fall wählt der Flashplayer einen passenden Font auf dem Rechner des Benutzer aus, zum Beispiel *Arial* oder *Helvetica*. Auf diese Weise mindert man die Größe des Flash-Dokuments, da keine Schriftdaten eingebettet werden müssen, und die Lesbarkeit ist auch in kleineren Schriftgrößen noch gewährleistet. Eine Kontrolle des Textflusses ist dann allerdings nicht möglich, da dieser ja erst beim Aufrufen der Webseite erzeugt wird.

4.6.2 Pixelfonts

Flashinhalte laufen in der Regel in einem festen Rahmen innerhalb des Browserfensters ab und werden nicht, wie übliche HTML-Seiten, als Ganzes gescrollt. Dies bedeutet, dass der verfügbare Platz zur Darstellung von Texten meist knapp ist. Zwar kann man Texte in Flashdokumenten beliebig skalieren, doch bei kleineren Schriftgrößen nimmt die Lesbarkeit naturgemäß beträchtlich ab. Man kann dann nur noch das jeweils kleinere Übel wählen, wenn die Texte entweder ohne Kantenglättung verpixelt oder mit Katenglättung verwaschen aussehen.

Aufgrund dieser Flash-spezifischen Problematik hat sich in kurzer Zeit eine völlig neue Schriftgattung entwickelt: die Pixelfonts. Diese Fonts sind eine Mischung aus Bitmap- und Vektorfonts. Sie setzen sich aus durch Linien beschriebenen Quadraten zusammen, die exakt auf einem Rastersystem beruhen. Bei einer ganz bestimmten Schriftgröße, für die der Pixelfont entworfen wurde, ist das Raster des Fonts deckungsgleich mit dem Bildpunktraster des ebenfalls auf Pixeln basie-

kleiner Text

kleiner Text

Vorzüge der Pixelfonts
Skalierbare Schriften (oben) wirken in kleinen Schriftgrößen durch die Kantenglättung schnell verwaschen. Nur der Pixelfont (unten) wird Pixel für Pixel so dargestellt, wie vom Schriftgestalter gewünscht.

renden Flash-Dokuments und damit auch des Monitors. Im Ergebnis erscheint der Font völlig scharf, und eine Kantenglättung findet auf Grund der absoluten Deckungsgleichheit gar nicht erst statt. Pixelfonts sind deshalb auch in sehr kleinen Schriftgraden noch gut lesbar.

Da Pixelfonts recht einfach zu erstellen sind, kann man auf ein recht großes Angebot zurückgreifen. Viele kostenlose Pixelfonts können allerdings Darstellungsfehler aufweisen oder durch fehlende Sonderzeichen unbrauchbar sein.

Pixelfonts
Zwei Anbieter mit einem reichhaltigen Angebot an Pixelfonts: Fontsforflash.com und ductype.com.

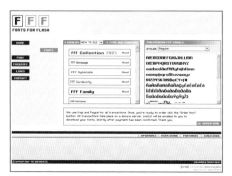 

Beim Einsatz von Pixelfonts muss allerdings Verschiedenes beachtet werden, damit der gewünschte Effekt wirksam werden kann. Zunächst muss die Schriftgröße natürlich exakt dem von der Schrift vorgegebenen Wert entsprechen, damit sich Schrift- und Bildpunktraster genau überlagern können. Dazu muss auch das

Schriftformatierung
Bei ausgewähltem Textwerkzeug können in der Eigenschaftspalette sämtliche Schriftformatierungen vorgenommen werden.

Textfeld, in dem der Text erscheint, auf „glatten" Pixelwerten platziert sein. Dabei ist es hilfreich, wenn man die Funktion AN PIXELN AUSRICHTEN im Menü ANSICHT aktiviert. Außerdem dürfen Zeilenabstand und Laufweite nur um ganze Pixelbeträge verändert werden und die Unterschneidung sollte deaktiviert sein. Werden alle diese Punkte berücksichtigt, erscheinen die Pixelschriften in Flash scharf und ohne Kantenglättung. Wird das Flash-Dokument später in einer Webseite eingebettet, muss exakt die zuvor in Flash bestimmte Pixelgröße benutzt werden. Prozentuale Werte wie zum Beispiel 100 Prozent bewirken in jedem Falle eine Skalierung des Flash-Dokuments die sich leider nicht mit dem Einsatz von Pixelfonts verträgt.

Pixelfonts im Webdesign
Pixelfonts ermöglichen besonders kleinen Textsatz, der vom
Webdesigner pixelgenau positioniert werden kann.

Anhang

Danksagung

Für die Unterstützung bei der Erstellung an diesem Buch wird gedankt:

Franziska Jähnke, Alexander Brandczyk, Katja Schrey, Jürgen Dubau, Michi Bundscherer, Kai Meinig, Michel M, Peter Rosenfeld/URW++, Andreas Seidel, Ingo Preuss, Peter Schmitt, Andreas Kreuzmann, Jörg Roßbach, Friedrich Althausen, Dagmar Schmauks, Jens Puhle und Jeph Jacques.

http://www.zeichen-setzen.info

Das Buch ist zu Ende – die Diskussion geht gerade erst los! Auf unserer Internet-Seite *www.zeichen-setzen.info* finden Sie interessantes Zusatzmaterial zum Download, Aktualisierungen und die Bezugsquellen der Fontmanager und Software-Tools. Außerden freuen wir uns natürlich über Ihre Kommentare und Meinungen zu den Inhalten des Buches.

http://www.typografie.info

Weitere Satzregeln, aktuelle Nachrichten aus der Typo-Szene, ein Typografie-Diskussionsforum und vieles weitere mehr finden Sie unter *www.typografie.info,* dem Portal für Typografie und Gestaltung.

Bildnachweis

- Seite 20, 33, 44, 62, 78, 215 – Illustrationen: Kai Meinig
- Seite 94, 122, 124/125, 128, 130 b, 131, 132/133, 144, 146, 153, 160 a, 160 c, 162 a, 168/169, 188 a, 193, 198, 201, 202/203 – Bilder des Autors
- Seite 50 – Nebraska State Historical Society 1903; mit freundlicher Genehmigung
- Seite 12, 18, 36, 52, 103 – iStockphoto
- Seite 51 – Wikipedia Commons, unter GNU Free Documentation License
- Seite 73 – Apple Presse-Foto
- Seite 130 a – Südzucker Presse-Foto
- Seite 135 – Tetesept Presse-Foto
- Seite 137 – United International Pictures Presse-Foto
- Seite 199 – Buena Vista International Presse-Foto
- Seite 129 – Peter Schmitt, Würzburg; mit freundlicher Genehmigung
- Seite 160 b – Andreas Kreuzmann; mit freundlicher Genehmigung
- Seite 162 b – Jörg Roßbach; mit freundlicher Genehmigung
- Seite 162 c – Friedrich Althausen; mit freundlicher Genehmigung
- Seite 183 – Dagmar Schmauks; mit freundlicher Genehmigung
- Seite 188 b – Jens Puhle; mit freundlicher Genehmigung
- Seite 223 – Jeph Jacques; mit freundlicher Genehmigung
- Restliche Bilder: Rechtefrei bzw. Public Domain

Bibliografie

- M. B. Parkes: *Pause and Effect, An Introduction to the History of Punctuation in the West*; University of California Press
- Lynn Truss: *Hier steht was alle suchen – Eats, Shoots and Leaves*; Autorenhaus Verlag
- Bastian Sick: *Der Dativ ist dem Genitiv sein Tod*; Verlag Kiepenheuer & Witsch
- Renate Baudusch: *Zeichensetzung klipp & klar*; Bertelsmann Lexikon Verlag
- *Komma, Punkt und alle anderen Satzzeichen*; Bibliographisches Institut & F. A. Brockhaus AG
- Frank Manekeller: *DIN 5008 von A bis Z*; Bildungsverlag EINS
- Sean Cavanaugh: *Insiderbuch Typedesign*; Midas Verlag
- Brigitte Witzer (Hrsg.): *Satz und Korrektur*; Bibliographisches Institut & F. A. Brockhaus AG
- Katja Hübner: *Punkt, Komma & Co.*; Niggli Verlag
- Ulli Neutzling: *Typo und Layout im Web*; Rowohlt Taschenbuch Verlag GmbH
- Friedrich Forssman, Ralf de Jong: *Detailtypografie*; Verlag Hermann Schmidt
- Kai Laborenz: *CSS-Praxis*; Galileo Press GmbH
- Vilém Flusser: *Die Schrift*; Fischer Taschenbuch Verlag GmbH
- Tom Standage: *Das viktorianische Internet*; Midas Verlag

Index

A

B

C

D

W

Z

Ralf Köhler

Typo & Design

- **Grundlagen der Typografie**
- **Screen-Design und Typografie fürs Web**
- **Schrift im Kontext: Inhalt, Layout und Medium**

Textverarbeitungs- und Layoutprogramme bieten nahezu unbegrenzte Möglichkeiten für den Umgang mit Text und Bild am Computer. Doch um ein Dokument professionell zu gestalten, bedarf es nicht nur der technischen Voraussetzungen, sondern auch eines gezielten Einsatzes all dieser Funktionen. Ralf Köhler bietet all denjenigen, die sich intensiver mit dem Thema „Schrift und Schriftgestaltung" befassen wollen, einen fundierten Einstieg in die Welt der Typografie.

Er beleuchtet wichtige Rahmenbedingungen und Einflussfaktoren, die häufig außer Acht gelassen werden. Sei es die typografisch adäquate Gestaltung des zu vermittelnden Inhalts, das Zusammenspiel von Schrift und anderen Layoutelementen oder die jeweiligen Bedingungen, die das gewählte Medium (Print, Screen) bereits vorgibt. Anhand zahlreicher Beispiele und kleiner Workshops werden relevante Grundlagen erklärt und typografische Gestaltungsmöglichkeiten durchgespielt.

Aus dem Inhalt:
- Schriftarten, -schnitte und -größen
- Seiten- und Textgestaltung: Formate, Spalten, Abstände, und Absätze
- Einzelne Textelemente und ihre Gestaltungsmöglichkeiten
- Text, Farbe und Bilder kreativ kombinieren
- Typografie im Screen-Design
- Schriften modifizieren, installieren und verwalten
- Wichtiges Know-how für die Ausgabe in Print und Web
- Typografische Fachbegriffe im Überblick: Glossar und kleines Wörterbuch (dt.-eng.)

Probekapitel und Infos erhalten Sie unter: **www.mitp.de**

ISBN 3-8266-0827-5

Die index-Reihe

index farbe
ISBN 3-8266-1306-6

Über 1100
Farbkombinationen

Farbtöne von natürlich
bis progressiv

Alle Farben mit CMYK-
und RGB-Werten

index Idee
ISBN 3-8266-1307-4

Grafische Effekte und
typografischhe Umsetzung

Es ist schwer auf
Kommando kreativ zu sein!

Nutzen Sie diesen Ideen-
Pool um zu Ihrem eigenen
„Flow" zu finden!

index Schrift
ISBN 3-8266-1379-1

Schriften für DTP, Screen,
Dekor

Schriftmuster und
Beispielanwendungen

Mit zahlreichen
Opentype-Fonts

index Layout
ISBN 3-8266-1464-X

Broschüren, Poster / Flyer,
Webdesign, Anzeigen,
Newsletter, Seitenlayout
Briefpapier

Starke Ideen im handlichen
Powerbook!

Funkenflug
ISBN 3-8266-1467-4

Mehr als 150 zündende
Konzepte, Design-Ideen
und WarmUp-Übungen, die
Ihre Inspiration beflügeln

Hingucker, kreatives
Treibstoff-Depot und Mind-
Stretcher zugleich

index Logo
ISBN 3-8266-1507-7

Inspiration für die
Logo-Entwicklung

Hintergrundwissen für
die Praxis

Probekapitel und Infos erhalten
Sie unter: **www.mitp.de**